华章经管

HZBOOKS | Economics Finance Business & Management

叶金福◎著

IPO财务透视

方法、重点和案例

MY INSIGHT AND EXPERIENCE ON IPO

机械工业出版社
China Machine Press

图书在版编目（CIP）数据

IPO 财务透视：方法、重点和案例 / 叶金福著．—北京：机械工业出版社，2014.1（2017.3 重印）
（资本的游戏）

ISBN 978-7-111-45115-0

Ⅰ．I…　Ⅱ．叶…　Ⅲ．上市公司 – 财务管理 – 研究　Ⅳ．F276.6

中国版本图书馆 CIP 数据核字（2013）第 299015 号

本书作者在会计师事务所从事 IPO 审计和财务咨询工作逾 12 年，具有丰富的 IPO 经验。本书深入透视了建立 IPO 财务规则的四个维度：①选择适当的会计方法；②建立有效的内部控制；③把握财务审核的重点；④规避财务操纵的嫌疑。本书根据 IPO 公司的公开信息，结合 IPO 财务的方法和重点，对大量真实案例进行了深入分析，为进一步理解 IPO 财务规则提供了非常生动的参考。

机械工业出版社（北京市西城区百万庄大街 22 号　　邮政编码　100037）
责任编辑：刘利英　　　　　　版式设计：刘永青
北京市荣盛彩色印刷有限公司印刷
2017 年 3 月第 1 版第 9 次印刷
170mm × 242mm・15 印张
标准书号：ISBN 978-7-111-45115-0
定　　价：39.00 元

凡购本书，如有缺页、倒页、脱页，由本社发行部调换
客服热线：（010）68995261　88361066　　　　投稿热线：（010）88379007
购书热线：（010）68326294　88379649　68995259　　读者信箱：hzjg@hzbook.com

推荐序

中国资本市场，无论是20世纪90年代发展至今的A股主板市场，还是开板近十年的中小板市场，抑或是新贵创业板市场，关于新股发行体制、审核机制、合规性问题的处理争论从未中断过。日前，中国证监会《关于进一步推进新股发行体制改革的意见》已公告实施，明确要进一步推进以信息披露为中心的发行制度建设，逐步淡化监管机构对拟上市公司盈利能力的判断，修改完善相关规则，改进发行条件和信息披露要求，落实发行人、各中介机构独立的主体责任，全过程、多角度提升信息披露质量。相信随着新股发行体制改革的深入，法律、法规的配套完善将是一个渐进的过程。

尽管新股发行始终存在行政审批制、核准制、注册制的争论，却一直在强化关于行业发展、企业经营合法性、财务信息完整性的信息披露要求。而作为投资者最为关注的企业投资价值的判断基础，重大财务问题处理的合规性及其信息披露的完整性成为至关重要的因素。

《IPO财务透视：方法、重点和案例》主要从企业财务处理的角度，兼顾中介机构信息披露以及监管部门的审核，以典型案例作为切入点，全面阐述了IPO发行共性会计问题的处理方法、内部控制缺陷的处理方法，以及监管机构审核关注的财务信息披露事项，总结出选择适当的会计方法、建立有效的内部控制、把握财务审核的重点、规避财务操纵的嫌疑四个维度的处理原则，切中要害，具有很强的实务指导意义。

希望这本书能够对准备进入中国资本市场的新股发行申请人有所帮助，在海量政策与传言的迷茫中找到方向；也希望对那些在这个高速发展的新兴资本市场里摸爬滚打的中介机构和投资机构有所裨益，在疲于奔命中汲取专家的经验。

金福和我共事多年，很高兴看到他一步一个脚印的成长历程，也感谢金福把十几年的从业经验和思考总结成本书与大家分享。

证监会第一、二、三届创业板发审委委员

大华会计师事务所执行合伙人

韩建旻

2013 年 12 月于北京

自 序

12年前的春天，一个人离开家乡来到北京，进入会计师事务所，开始了我的会计师生涯。12年来一直从事IPO审计工作，时间长了，专业上总会有些总结和感悟，平时有兴致时，会把这些专业感悟写下来，放在网上，在期刊报纸上也发表过几篇，断断续续，不成系统。

2012年11月，机械工业出版社的石美华编辑找到我，和我商量写一本IPO财务方面的专业书。也正是这个契机，才使得我有机会在过去一整年，对IPO财务的方法、重点进行了系统的总结，查阅了几十家IPO公司的招股说明书，并形成了大量的案例。

12年的IPO审计工作，比较深刻的体会主要体现在“一横一纵”两个方面。“横”的方面，IPO公司与上市公司比较，在财务方法的运用上是有区别的，IPO公司基于外部审核的立场，更多地强调会计方法的可控性，更低地容忍财务操纵行为；“纵”的方面，对IPO公司财务信息质量的要求逐步强化，IPO公司越来越需要在会计核算的规范性、内部控制的有效性、财务信息披露的真实充分性等方面在整个报告期内持续保持较高水平。

目前，A股IPO实行的是核准制（中国证监会已明确要推进股票发行的注册制改制，但核准制向注册制过渡是一个相对长期的过程），核准的机构即中国证监会，核准的过程是一个非常繁杂细致的实质性审核过程，审核内容包括IPO公司的主体资格、业务、财务、法律等各个重要方面，而对财务信息的审核则是IPO审核的重中之重。如何在遵循会计准则的前提下建立更符合首发标准的IPO财务规则，是每一个IPO公司和IPO中介机构都需要认真思考的问题。

我理解的IPO财务规则主要体现在以下四个维度：

1. 选择适当的会计方法

可控的会计方法，是运用过程容易控制，站在外部审核的角度更容易验证的会计方法。具体而言，在会计政策层面，要求会计确认的依据需要具有充分的可验证性；在会计估计层面，则要求尽可能地限制过于自由的会计估计。可控的会计方法是IPO应选择的适当会计方法。

处理财务和税务问题的根本依据是会计准则和税收法规，但会计准则赋予了一定的选择权，税法也存在不同解读。IPO财务的一些典型问题，如完工百分比的应用、开发支出资本化、整体改制的个人所得税等，尽管存在选择权，但这些典型问题早已存在过往案例形成的审核惯例，所以依照惯例进行相关处理才是比较稳妥的选择。

2. 建立有效的内部控制

现阶段，强制IPO公司建立“大而全”的全面内控是不现实的。基于财务报告可靠性的目标，保持业务合法合规，强调会计导向，明确业务流程，建立有效的财务报告内控体系，避免报告期内出现大的内控缺陷，是审核的实质性要求，也是IPO公司比较现实的目标。

3. 把握财务审核的重点

“资产质量良好、资产负债结构合理、盈利能力较强、现金流量正常”是IPO财务质量的根本性要求，同时，内部控制有效、关联交易公允、不存在缺乏合理解释的重大会计差错以及依法纳税等也是财务审核的重要方面。

根据证监会的公告，未能通过审核的最主要的财务问题包括持续盈利能力、内控缺陷、关联交易以及错误的会计处理等几个方面。实际上，大部分财务方面的审核障碍都是时间可以解决的问题，比如，持续盈利能力可以通过更长的时间去检验，内控缺陷可以通过更多的时间去完善等。所以，有上市愿景的公司，应摒弃急功近利的做法，不能仓促上阵，更不能利用财务操纵去“赌”上市。只要保持良好的经营态势和持续的财务规范，IPO 的成功就会是一个水到渠成的结果。

4. 规避财务操纵的嫌疑

财务操纵包括财务造假和过度的业绩粉饰。打击财务操纵、增加财务信息披露的真实性是目前财务审核的核心趋势，所以杜绝财务操纵是 IPO 公司不能突破的底线。

某些行业天然带有容易舞弊的“基因”，某些常见的财务信息异常，也容易被解读为存在财务操纵的信号。只有通过加强对交易环节的内部控制，强调保留可追溯的交易痕迹，持续保持业务和财务信息的紧密吻合，才能够有效规避财务操纵的嫌疑。

以上就是我的 IPO 财务观，也就是本书重点阐述的 IPO 财务的四个维度。围绕这四个维度建立起相关的财务规则，可以帮助 IPO 公司提供真实、完整、符合上市规则，且容易通过审核的财务信息。

12 年的青春如白驹过隙，春去秋来，我已听到人到中年的脚步声，生活波澜不惊，工作不好也不坏，比较欣慰的是专业上从未停止过积累。生活是需要感恩的，感谢李东昕女士等会计师前辈，亦师亦友，将我带入这个行业，虽一直随波逐流但也勉强登堂入室；感谢我的客户、投资银行和投资基金的合作伙伴们，正是多年来与你们不断的切磋和碰撞，才使得我们能够拥有今天的高度和厚度；感谢团队中朝夕相处的兄弟姐妹们，路漫漫其修远兮，有了你们的支持，才使我虽几次踟蹰但却从未停下脚步。

在繁忙的工作之余坚持写作并不容易，个中辛苦，五味杂陈。特别感谢我的父母、岳母和我的太太，正是你们的付出和爱意，才让我在写作本书的“持久战”中时刻感受到家庭的温暖。

付梓之际，百感交集，尽管不完美，但如果在自身专业总结的同时，能够给 IPO 公司、投资银行、投资基金、咨询公司、会计师事务所等 IPO 相关机构以及高校教学等提供一些有益参考，也就达到了写作本书的目的。本书亦尚有很多不足之处，恳请读者不吝赐教。

叶金福

2013 年 12 月于北京

目　录

第三部分
把握财务审核的重点

第四部分
规避财务操纵的嫌疑

第一部分

选择适当的会计方法

第1章 IPO会计方法的特点

会计方法是会计政策和会计估计在会计处理中的具体运用。相对于已上市公司，拟上市公司的IPO⊖更多是站在外部审核（中介审核、证监会审核）的角度，基于“有罪推定”的自证过程。如何更好地避免IPO过程中利用

⊖ 即首次公开发行股票。在中国大陆公开发行A股股票，需要中国证监会核准发行，并在上海证券交易所或深圳证券交易所上市交易。A股上市公司分为主板、中小板（2004年6月开板）和创业板（2009年10月开板）三个板块。在运作程序上，一般IPO公司需要先由有限公司整体改制为股份公司，符合上市条件后，由公司和中介机构（保荐机构、会计师、律师）将上市申报材料报送到中国证监会，证监会正式受理后由发行监管部进行预审，预审人员包括财务和法律各一人，出具反馈意见并由公司和中介机构进行补充回复。预审完成后，申报稿招股说明书将在证监会网站公布（2013年11月的发行体制改革，已要求受理即公开披露招股说明书），并由发行审核委员会（发审委由7名委员组成，需5人同意才能够核准）通过表决决定是否核准。通过发审会后，由证监会出具发行批文，IPO公司取得批文后即可以进行公开招股并在上海或深圳证券交易所上市。证监会已明确要推进股票发行由核准制向注册制改制，但改革是一个相对长期的过程，故可以预见在相当长的时期内IPO仍然会采取核准制。

会计方法粉饰业绩的嫌疑，需要特别考虑会计方法可控性的问题。

1.1　什么是可控的会计方法

可控的会计方法，顾名思义，是运用过程容易控制，站在外部审核的角度容易验证的会计方法。

1.1.1　会计政策层面的可控性

一个业务流程中，往往既会产生内部凭据，又会产生来自客户、供应商等的外部凭据。对经济业务进行会计确认，尤其是对收入和资产项目进行确认时，如果仅仅依赖于内部控制所生成的内部凭据，管理层一旦超越了内控，内部凭据也就轻易地失去了控制。出于谨慎性考虑，以外部凭据作为会计确认的关键依据，由于其属于客观性较强的外部证据，故明显具有较强的可验证性。

具体到会计政策层面，会计确认的依据需要具有充分的可验证性，即尽可能地使用外部凭据作为关键依据，完全以内部凭据为依据的确认方法不宜使用。

1.1.2　会计估计层面的可控性

在准则的范畴之内，会计估计的运用不但广泛，而且富于变化。IPO 公司通过降低坏账计提比例、延长折旧年限等变更估计的方法调节业绩，方便易行，且难以定性为舞弊，似乎是相对稳妥的选择。但是，由于会计估计的选择和变更过程充满主观判断，如果不当运用，能够轻易地影响财务报表的公允性，在 IPO 审核过程中容易引发利润操纵的质疑，所以会计估计亦要考虑可控性的问题。

具体到会计估计层面，则需要尽可能地限制自由会计估计，增加报告期内报表的可控性。在具体方法上，一是减少不必要的会计估计变更；二是增强会计估计的可计量性。

1.2　可控性的主要运用领域

1.2.1　收入确认需要外部证据的支持

1. 产品销售模式

在业务流程上，内部控制一般会生成销售合同、销售通知单、产品出库单、销售发票、客户签收单等凭据。基于收入确认原则和某些重要性的考虑，实务中经常以销售发票和出库单作为收入确认依据。从可控性角度看，销售发票和出库单属于内部凭据，客户签收单属于第三方凭据，以客户签收单作为收入确认依据更具有可控性。

2. 完工百分比模式

完工百分比模式适用于提供劳务和建造合同的收入确认。在内部控制过程中，收入方面一般会生成建造（劳务）合同、业主（监理）验工计价单、销售发票；成本方面一般会生成合同总成本预算、原材料（设备）的出库单、人员的工时记录、与分包商的工程结算单等。

实务中，成本进度是确定完工百分比的主要方式。确定成本进度所依赖的凭据中，除与分包商的结算单之外，几乎都是内部凭据。而与分包商的结算单，由于公司作为甲方往往处于强势地位，这就很可能让该外部凭据的证明力大打折扣。

基于可控性，完工百分比应考虑更多地信赖业主或监理方的进度证明，如果过程中外部证明难以获取，那么选择完工一次性确认的方法多数情况下更具有可控性。

1.2.2　开发支出不宜进行资本化处理

内部研发基本流程包括立项、过程管理、结题验收。过程管理包括研发节点的控制和研发费用的归集，研发费用主要包括人工费用和研发领料。内部控制一般生成的凭据包括：立项报告、进度验收报告、人员的工时记录、材料领用单、结题验收报告等。

只要开发支出同时满足准则规定的五个条件，相关支出就可进行资本化处理，即可以在资产负债表上确认一项无形资产。资本化所依赖的全部凭据很有可能全部是内部凭据：立项是内部立项，而非政府或其他外部立项；进度和结题验收是内部验收，而非外部机构验收，也未公开申请知识产权；人员工时记录和材料领用单亦全部属于内部凭据。如果项目属于政府立项，或者开发成果申请了知识产权，虽然项目本身的客观性增加了一定的保证，但开发支出往往由内部成本归集形成，故难以改变依赖内部凭据的事实。

所以从可控性的角度看，开发支出一般应进行费用化处理，而不宜通过资本化确认为无形资产。确有必要进行资本化的，则应该选择更具客观性的开始或停止资本化的时点，并仅将与开发项目有关的直接费用计入开发支出。

1.2.3　减少不必要的会计估计变更

对于 IPO 的会计估计变更，需要把握三点：

（1）如果会计估计偏激进或偏保守，但在可接受的范围内，则不进行会计估计变更。会计估计激进还是保守，对照的最重要标准是同行业上市公司，接近同行业平均水平最优，偏离平均水平，但只要在同行业的范畴之内，或者略高或略低，只要有合理的理由，原则上都是可以接受的。

（2）会计估计过于激进的，可以考虑向更稳健变更。过于激进的估计，如摊销或折旧年限过长，变更为较短期限更为稳健。

（3）除非过于谨慎已构成差错，否则应杜绝向不稳健的估计变更。比如，应该形成资产进行摊销的，进行费用化处理，实际上这不是估计的范畴，而是出现了会计差错。

1.2.4　增强会计估计的可计量性

同一事项可能存在不同的会计估计，不同会计估计会带来不同的计量方法，选择易于计量的估计，例如：易操作的减值准备计提方法、不确认难以计量的预计负债、选择直线法进行资产摊销、选择公开的市场价值作为公允价值等，有利于保持报表的可控性，减少粉饰业绩的可能性。

常见的存在不同选择的估计如下：

1. 坏账准备的个别认定和分类计提

从原则上看，采用个别认定法逐一计算应收款项可收回金额是最理想的方法，可是这在计量上是难以完成的任务，结果则很可能是要么不计提，要么多计提。相比之下，采用账龄分析的方法进行分类计提，尽管非常笼统，但易于操作，具有良好的可控性。

所以，除了明显已坏账的款项外，坏账准备应减少个别认定，而多采用账龄分析法进行分类计提。

2. 难以计量的预计负债

预计负债金额的计量涉及最佳估计的确定，在一些情况下，最佳估计往往是难以确定的。例如产品质量保证的确认，一是可能难以取得可以使用的历史维修经验数据；二是难以取得可比较的同行业计提标准。如果以简单的一个固定比例对所有产品进行计提，往往会造成与实际维修费的不符；如果不断调整计提比例，则容易形成利润的调节。

所以，难以计量的预计负债不宜确认，应在实际发生时计入费用。

3. 无形资产的使用寿命及摊销方法

无法定寿命的无形资产，如非专利技术等，涉及对经济寿命的估计。估计有两种结果，一是使用寿命不确定，这种情况下，不需要分期摊销，只要在期末出现减值迹象时进行减值测试；二是使用寿命确定，这种情况下则需要分期进行摊销。

单从估计的技术上来看，将非专利技术的使用寿命判断为“无法可靠估计”可能更容易，但结果会带来更加难以计量的减值测试；反之，如果确定一个使用寿命，其分摊的方法是非常容易计量的，哪怕使用寿命并不太准确，但其对报表的影响是十分可控的。

所以，无法定寿命的无形资产应合理确定其使用寿命并分期摊销。

4. 选择公开的市场价值作为公允价值

运用公允价值进行价值计量有三个级次：第一级次为活跃市场报价；第二级次即不存在活跃市场情况下的公平市场交易价格；第三级次即采用估值技术确定的公允价值。三个级次计量的客观性依次递减。

以股份支付的公允价值为例：

高管人员通过低价受让或定向增发获得公司股票，是 IPO 公司常见的股权激励形式，适用于《股份支付》准则。由于股票取得价格与公允价值的差额应该作为费用处理，故往往会极大地影响利润表。

实务中，股份支付公允价值的计量是会计处理的难题。未上市公司的股票不存在公开交易价格，故不存在第一层级的计量标准，可选择的计量标准一般包括：净资产、近期私募价格[⊖]、基于现金流折现的评估价。净资产容易取得，但往往不能理解为公允价值；私募价格尽管不等同于公允价值，但其容易取得，属于第二层级的计量标准，更接近公允价值；而评估价是基于未来现金流的估计，是第三层级的计量标准，显然缺乏可控性。

所以，股份支付的处理，应优先选择私募价格作为确定公允价值的基础。

1.3　可控的方法是更为务实的方法

如果仅仅考虑会计原则，可控的方法不一定是最优的方法，比如，对于

⊖ 在 IPO 申报之前，很多 IPO 公司会引入私募股权投资机构（PE）或其他投资机构，其入股价格即为私募价格。

工程施工，不可控的完工百分比法应比可控的一次确认法更为合理；可控的方法也不能等同于最谨慎的方法，比如，计提预计负债比不计提更为谨慎。

如果仅仅站在内部管控的角度，只要具备良好的内部控制，不出现管理层超越内控的行为，内部凭据和外部凭据并无效力上的区别，会计估计只需要依据合理的逻辑进行判断，计量方法也无优劣之分。

如果是上市公司而非 IPO 公司，会计方法的选择更多地是基于会计准则，不用过于考虑可控性的问题，且在准则允许的范畴内进行一定的盈余管理是非常常见的。但是，基于 IPO 公司外部审核的特别之处，可控的方法肯定是 IPO 过程中更为务实的方法，更容易通过审核，这也正是 IPO 会计方法应选择可控性标准的根本原因。

第2章

典型问题的会计处理方法

2.1 《建造合同》准则应用的问题

《建造合同》准则适用范围广泛，由于准则应用的预计总成本、完工百分比等关键要素往往依赖内部控制，而内部控制不健全，或者存在较高的舞弊动机，因而容易带来准则范畴内的业绩操纵。具体到公司和业务，《建造合同》准则“能否用”“如何用”？这就是实务中面临的问题。

2.1.1 准则的适用范围

根据准则，建造合同有四个标准：先签合同后生产、产品体积大、周期长、价值高。由于体积、周期和价值没有定量标准，且订单式生产非常普遍，所以准则的适用范围是非常广泛的，不但远超出原会计制度下的施工企业，甚至与一些订单式产品销售的界限都变得不是很清晰。

实务中，采取建造合同的企业，除施工企业（建筑、设备安装、建筑装饰等）外，还包括计算机系统集成、大型机器设备制造企业等。

1. 建造承包商的范畴

有观点认为，《建造合同》准则规范的是建造承包商的行为，在法律意义上，建造承包存在的必要前提是拥有总承包、专业分包等承包资质。如此推论，需要承包资质的行业、具有相关承包资质的承包商才具备运用准则的条件。但准则对建造承包商的定义是“签订建造合同的乙方称为建造承包商”，即只需要合同符合建造合同的四个标准，乙方只是普通的合同方，与有无相关承包资质并无关系。

2. 运用准则要遵循配比原则

对于建造方而言，在合同已签订的前提下，建造合同的价值是持续实现的。运用准则，实际上是将持续产生的价值在各个会计期间内进行持续的确认，即准则的本质是遵循配比原则。与普通产品销售相比，建造合同的配比原则有其特别之处。

（1）配比的载体。对普通产品而言，配比的载体是产品，该产品在哪个期间交付，就在哪个期间确认收入和成本。对于建造合同而言，一个产品的价值（毛利）在多个期间实现，配比的载体是期间，即一个产品在一个期间内实现了多少价值（毛利），就在一个期间内确认相应的收入和成本。

持续实现价值，是建立在产品存在各个期间内持续进展的物理过程的前提下。显然，建造合同所规范的产品，不是一个普通的产品，而是一个工程或系统，在物理形态上，这个工程（系统）实体存在一个持续的过程。如果没有上述的持续过程，就不需要期间配比，而是按产品配比更为妥当。比如一个订单装配式生产设备合同，符合建造合同的各项条件，如果装配是个持续几个期间的过程，则适用于准则；如果是非常简单的组装，产品实体几乎不存在组装过程，也不宜适用准则。

（2）配比的毛利。配比原则要求收入成本要存在经济上的因果关系，相同或相近性质的成本，无论在哪个期间其产生的收入和毛利都是相同的。但在一些建造合同中，合同所规定的工作可以按性质划分为不同部分，而不同部分的毛利率相差悬殊，比如，把一个计算机系统集成的合同划分为软件、硬件两个部分，软件绝对成本远低于硬件，但产生的毛利却是相反的。假如这个系统跨越两个期间，前一个期间是硬件，后一个期间是软件，按照成本进度，结果把大部分毛利确认在硬件期间，这与经济形式明显是不符的。

所以，由毛利率悬殊的不同部分构成的建造合同，一般难以适用建造合同准则，按照混合销售的原则处理更为妥当。

综上所述，尽管准则理论上的适用范围非常广泛，但有违于其内在配比原则的建造合同，不宜应用建造合同准则。

2.1.2　完工百分比的客观性

建造合同下的成本项目，通常包括分包成本、工程用料（设备）、人工、间接费用等几部分，除分包成本需要与外部分包方确认之外，其他成本很可能都是内部生成的。对准则客观性的质疑，主要源于利用成本进度确定完工百分比的方法，分子是累计发生成本，分母是预计总成本，累计发生成本的客观性不足，而预计总成本本身就存在一个根据内部预算进行调整的过程，故成本进度几乎完全依赖于内部控制的有效性，在方法上不具有可控性。

1. 成本进度是完工百分比的基础方法

准则规定了完工进度的三种基本方法：成本进度、工程量进度和测量进度，测量进度是专业测量的工程量，本质上也是工程量进度。工程量进度是“量”的进度，仅适用于数量易于计量的合同，多数建造合同包括不同的工程，其计量单位可能都是不同的，也就根本无法准确计算整体的工程量。与“量”的进度存在的局限性不同，成本进度是“价”的进度，可以适用于任何建造合同。

工程量进度还可能带来一个问题，如果工程量进度大于成本进度，结转成本后，则会形成工程成本的预提，预提没有实际发生的成本在会计原则上显然是不合适的。

所以，尽管成本进度缺乏客观性，但大多数的建造合同只能选择成本进度，因为成本进度是完工百分比的基础方法。

2. 成本进度的客观性验证

成本进度存在可控性不足的缺陷，如果能够取得业主或第三方确认的外部进度，通常可以对成本进度的客观性予以验证。外部进度存在以下多种形式：

（1）验工计价进度：验工计价，实际上是将不同部分的工作量，配比结算单价计算出来的已完工金额，是一个按结算价确定的进度。对于逐期验工计价的合同，验工计价进度与成本进度原则上应该具备良好的可比性。

（2）结算进度：验工计价后，就可以与业主结算并开具发票。与计价进度比较，结算进度具有一定的滞后性。

（3）里程碑进度：很多建造合同属“交钥匙”工程，业主在工程过程中并不验工计价，也不结算，只是确认“里程碑”进度并付款，最后完工验收。“里程碑”进度不是逐期的，而是时点化的，具有跳跃性。

（4）收款进度：有些建造合同无过程验收，只有完工一次验收，在过程中，也只存在收款进度。

成本进度具有最好的配比性，外部进度具有公认的客观性。在强调谨慎性的环境中，从防范利润操纵的角度考虑，可以用外部进度给成本进度加一把“锁”，在确定成本进度的同时，亦取得外部进度，并对比两种进度差异的合理性。差异较大的，甚至可以采用“成本进度与外部进度孰低”来确定完工百分比。尽管从配比性上看，外部进度大都不如成本进度理想，但也算是一种可控性下的折中选择。

2.1.3 建造合同应用的原则与建议

1. 有些建造合同不宜采用准则

（1）大型机器设备合同：一是可能不存在连续的装配过程；二是可能不

存在外部进度，所以除船舶和飞机制造等特殊行业外，一般不适用于建造合同。

（2）计算机系统集成合同：软件和硬件销售都是系统集成的重要组成部分，其毛利率水平相差较大，所以一般不能适用建造合同下的完工百分比法，而是应视作销售集成产品于完工验收时一次性确认收入。

（3）部分 EPC（设计、采购、施工）合同：设计、采购、施工都是合同的重要组成部分，且各部分毛利率水平差异较大；采购的大部分是不需要安装的设备，故工程没有持续的安装过程。上述这两种情况不宜适用准则。

2. 根据重要性分层应用

应用中减少完工百分比法，多采用完工一次性确认，客观性自然就会增加。所以从重要性和成本效益原则出发，建造合同可以分层应用，即重要性以上的合同采用完工百分比法，重要性以下的则选择完工一次性确认。

2.2　股份支付的会计处理问题

瑞和股份的案例㊀一出，IPO 公司股份支付的靴子终于落地了。

IPO 公司常见的股权激励，类似于限制性股票：被激励员工通过低价增资或大股东低价转让取得 IPO 公司股票，股票由被激励员工直接持有或通过持股公司间接持有，授予时即办理工商登记手续，所持股票通常会设定一定年限的锁定期。

股份支付成立的核心是“企业以获取员工或其他服务方为目的的交易”，

㊀ 瑞和股份全称“深圳瑞和建筑装饰股份有限公司”，2011 年 9 月于中小板上市，股票代码“002620”。其招股说明书披露：2009 年 7 月 24 日，瑞和有限（瑞和股份的前身）股东会通过决议，同意瑞展实业（实际控制人控制的公司）将所持有的瑞和有限 20% 股权以 2 400 万元价格转让给邓本军等 47 位公司管理层及员工，将所持有的瑞和有限 10% 股权以 2 000 万元价格转让给嘉裕房地产（引入的战略投资者）。根据上述披露分析，该次转让给 47 位公司管理层及员工和转让给嘉裕房地产的差价为 1 600 万元，其已作管理费用计入 2009 年损益。该案例是实务中发现的第一例按照股份支付准则核算高管激励的案例。瑞和股份招股说明书来源于深圳证券交易所网站 www.szse.cn。

一方面，交易双方是IPO公司与员工或其他服务方；另一方面，交易过程是以股票换取服务。实践中的两种情况很可能不适用于股份支付。

（1）如果授予对象是实际控制人、实际控制人的关联人，或者原始股东，则很可能不是出于交换服务的目的，故不构成股份支付。

（2）如果低价授予股票的目的是购买授予对象的资产，则不符合换取服务的定义，也不构成股份支付。

IPO公司的股权激励，适用于股份支付准则，会计处理中要解决的主要问题如下：

2.2.1　公允价值如何确定

确定股份支付的公允价值，核心是确定股票在授予日的公允价值，股票公允价值与授予价格的差额可以认为是股份支付的公允价值。

IPO公司的股票尚未上市交易，故无法直接取得其在公开活跃市场中的交易价格，并把其作为公允价值。在上市之前引入PE等外部投资机构，是IPO公司比较普遍的做法。如果同期或相隔不长的时间段既有员工又有PE入股，PE入股价能否作为公允价值呢？实务中，大部分的PE入股都存在对赌条款，业绩达不到承诺，可能需要股份或现金补偿；规定期限内不能上市，可能需要赎回股票。也就是说，PE价格是建立在比较苛刻的对赌之上的，与员工入股的基础不同，原则上不可能是员工入股的公允价值。但是，PE价格毕竟是熟悉情况的双方自愿交易的直接结果，至少是一种更接近于公允价值的价格。

从理论上说，也可以采用估值技术确定公允价值。实务中，可以利用评估师对每股价值进行评估，评估方法采用收益法，评估价值与入股价的差异即构成激励股份的公允价值。但对于公允价值而言，评估技术属于第三个层级的确定方法，其估计的空间太大，过程缺乏可控性，结果也就难以客观。

综上所述，从计量的可操作性等方面综合考虑，建议按以下顺序确定公允价值：

（1）同期或间隔时间不长（前后 1 年以内）存在 PE 价格的，可以将 PE 价作为股票公允价值。如果授予日前后均有 PE 入股，谨慎起见应选择价值较高者。如果有明确的依据证明 PE 价是建立在特定限制条件之上的，且限制条件带来的折价因素可以合理量化，则可以 PE 价扣除一定折扣后作为公允价值。

（2）如果同期没有 PE 或 PE 间隔时间过长的（前后 1 年以上），可以通过评估确定公允价值。但与前次 PE 间隔一年以上再评估的，如果评估值低于 PE 价格，则需要考虑评估方法和评估结果的合理性。

（3）如果同期没有 PE 或 PE 间隔时间过长，且预计评估值与账面净资产相差不大的，可以考虑将净资产值作为公允价值。同样，前面有 PE 入股的，如果净资产值低于 PE 价，则需要考虑其合理性。

2.2.2　股份支付费用一次性还是分期摊销

如果 IPO 公司需要确认的股份支付公允价值金额较大，一次性还是分期计入费用，将对报告期内的利润表产生较大的影响。

原则上，如果限制性股票存在等待期，在等待期内当然可以分期摊销，但是，IPO 公司股权激励的等待期往往不是太明确，且分期摊销也不够谨慎。

（1）股权激励时点大多在报告期内，有上市之前“论功行赏”的意思，激励的本质是补偿员工之前的服务，还是购买之后的服务不好界定。

（2）在申报时点上，如果存在较大的员工限售股，容易使股权结构处于不稳定状态。所以股权激励的锁定期很可能是一种私下承诺而并非体现在纸面上的期限。

（3）从对报表的影响看，IPO 公司的股权激励并非公开操作，如果允许分期计入，存在利用调整锁定期操纵利润的可能。

基于以上考虑，股份支付费用一次性计入授予当期更加适合。

2.2.3　是否属于非经常性损益

对于上市公司而言，股份支付费用明确属于经常性损益，计算业绩时不得作为非经常性损益扣除。但在 IPO 审核实践中，股份支付费用已明确可以作为非经常性损益扣除。

股份支付对授予当期的利润表影响较大，尽管可以扣除非经常性损益（以下简称“扣非”），但由于 IPO 净利润指标是以“扣非后孰低”为标准，所以在一次性计入费用的情况下，仍然可能影响上市条件。所以，在股权授予时应充分考虑其对报表的影响。

（1）股份支付实施后，以最大限度考虑对费用的影响之后的净利润保持正数为限，一旦亏损，可能会导致不符合上市条件。如果净利润有可能转为负数，则应考虑适当调整授予股票的数量和价格。

（2）考虑利润表在报告期内保持增长态势，故不宜在申报期最后一年进行股权激励。

（3）实践中，申报创业板的 IPO 公司暂未要求执行股份支付准则，但谨慎起见，设计股权激励时亦需要正常考虑股份支付对利润表的潜在影响。

2.3　开发支出资本化问题

开发支出资本化，可能是新会计准则送出的最大福利，也可能是衡量会计政策是否激进的最明显风向标。

遵循准则进行资本化处理，合理合法地提升业绩，应该是 IPO 公司不能被剥夺的权利，但实务中由于各个层面的问题，却让准则沦为 IPO 公司粉饰业绩的最便利工具。

1. 是否有那么多新技术

能够资本化的开发对象，是指“新的或具有实质性改进的材料、装置、产品等”，所以“创新性”是资本化对象的本质特征。而现实环境中，创新的成本大，风险高，创新基因不够，“山寨”产品横行，尽管高新技术企业很多，高新技术产品很多，拥有的专利和非专利技术也很多，但是否具有真正的“创新性”却难以判断。

2. 是否存在操纵利润的问题

开发支出计入研发费用，可以通过加计扣除来抵减当年度所得税，使 IPO 公司存在真实的现金流收益。如果不是出于增加利润的动机，估计大部分的 IPO 公司根本不会选择进行资本化处理。

在准则层面，实际上是给予了一定的选择权。原则上，对于行业和性质相近的 IPO 公司，是否选择资本化是自由的，资本化的程度也是可高可低，但如果放任对资本化的自由裁量权，直接结果是降低财务报表的相关性，影响对 IPO 公司经营情况的判断。

3. 资本化过程是否可控

准则尽管规定了资本化的多项条件，但基本属于估计和内控的范畴。从确定开发对象、研究和开发阶段的划分、开发对象有无产业化前景、开发过程中的立项、成本分摊与归集、验收等程序上，完全可以在没有任何第三方的参与并取得外部证据的前提下完成。所以，资本化的整个过程缺乏可控性。

正是基于上述实务中的问题，开发支出资本化一进入 IPO 领域，就受到发行监管的高度重视，在审核过程中，实际的审核基础是假设不进行资本化处理的还原后的经营业绩。从设计跑车的同济同捷⊖因资本化问题被否决开始，资本化已然成为 IPO 的实质性障碍，发展到现阶段，在严打财务舞弊和

⊖ 同济同捷全称“上海同济同捷科技股份有限公司”，其 IPO 申请于 2009 年 11 月被中国证监会否决。据证监会提供的信息，同济同捷被否与“研发费用不当资本化”有关，具体为：发行人（同济同捷）以与某公司的股权合作合同以及向某公司进行技术转让的合同作为某项目实现技术产品化的依据，2008 年度将该项目研究费用约 1 100 万元予以资本化，使得 2008 年利润水平体现出一定的成长性。但发行人尚不具备实施该项目的充分条件且合作合同尚未生效，同时亦不具备实施该项目的必要条件，前述的协议履行均具有重大不确定性。发行人以上述合作合同作为项目研究费用资本化的理由不充分，应予费用化处理。该研究费用的费用化处理将使 2008 年度净利润低于 2007 年度，无法满足创业板发行条件的财务指标要求。

业绩操纵的大背景下，为减少审核障碍，大多数IPO公司已经不再在报告期内进行资本化处理。

可以肯定地说，不是所有的IPO公司都不适合运用资本化准则，也不是所有的IPO公司都通过资本化操纵利润，审核过程中不支持开发支出资本化处理，在打击业绩操纵的同时，实质上已经影响了部分公司的会计选择权及业绩真实性。

但是，准则的迟早应归还准则，资本化的大门不可能对所有IPO公司都永久关闭，所以如何更好地运用资本化，仍然是未来IPO公司应该考虑的重要问题。

如何增加资本化的可控性，是合理运用的关键。

1. 把握资本化领域的可控性

研发目的如果只是改良产品功能，升级产品版本，或者基于直接的商业项目的实施，很可能缺少真正的“创新性”，其资本化难以让人信服。但对于有些行业和项目，进行资本化处理，与其经营模式和科研情况是明显相符的，也有利于更真实地反映其经营业绩。

比如某些行业，像开发通用软件的公司、网络游戏公司、制药公司等，其研发的产品就是其经营的基础平台，开发过程是构建一项核心资产，形成的无形资产直接产生经济利益，如软件开发完成后直接卖拷贝，网游开发完成后直接开服卖点卡等。

比如有些项目，像国家立项的重大科技课题等，其立项需要政府批准，开发完结后需要权威机构对开发成果进行鉴定，研发项目不但要形成切实的成果，而且整个过程也处于外部监督之下。

2. 增强开发阶段确认的可控性

项目研发过程包括研究阶段和开发阶段。研究阶段具有探索性和不确定性，相关支出只能做费用化处理；开发阶段则是以研究阶段为基础，针对研究结论进行开发，形成开发成果的可能性较大。进入开发阶段后，也只有在开发成果很可能带来经济利益的条件下才能够进行资本化处理。

开发支出资本化的可靠性，实际上依赖于两个“可能性”的判断，一是形成开发成果的可能性，这是划分研究和开发两个阶段的关键点；二是带来经济利益的可能性，这是开发阶段进行资本化处理的最重要条件。

对上述两个“可能性”的判断，如果全部依据内部证据，则往往涉及过多的会计估计。如果均有外部证据的支持，那么开发过程的可控性则明显增强。比如，新开发药品已经相关部门同意进行临床试验，新的在开发游戏已经向代理商进行了预授权等。

3. 加强开发费用的可控性

通过内控流程，开发费用可以轻松地计入资产提升利润。开发费用分为人工费、材料费等直接费用，还有折旧、摊销、办公费等间接费用。开发成本更强调能够直接归属于开发项目的成本，间接成本要么并不直接作用到项目上，要么存在项目之间分摊的问题，所以从保证成本的清晰可控角度考虑，只将直接成本计入开发成本进行资本化是更加合理的选择。

当然，对于 IPO 公司而言，即便在足够理由的支持下可控地进行了资本化处理，也仍然要把握在费用化前提下业绩符合上市条件的根本前提。

2.4　无形资产出资瑕疵问题

在科技类 IPO 公司的实收资本中，普遍存在无形资产的出资投入，即股东以无形资产（包括专利技术、著作权或非专利技术等，此处不讨论土地使用权等非技术类无形资产）评估后作价出资。用无形资产出资，一是不用太多资金就可以增大注册资本；二是无形资产入账后的摊销可以抵减所得税。出资时似乎一举两得，但有时候却忽略了出资过程中的产权和作价问题，直接影响出资的真实性。

出资是个时点概念，股东以无形资产评估后作价出资，一是要保证其合法持有无形资产的产权；二是要保证无形资产评估价值的公允性。只要验资时点上出资到位，股东并没有保全无形资产投入后价值的责任。

如果出资无形资产的产权有可能不属于股东，则会形成产权瑕疵；如果出资无形资产的评估价有高估的嫌疑，则会形成作价瑕疵。产权瑕疵和作价瑕疵，都有可能被认定为出资不实。出资不实是一个很严重的法律问题，根据审核要求，IPO 公司如果存在严重的出资不实，很可能需要纠正后 36 个月才能进行 IPO 申报。

2.4.1　常见的出资瑕疵

实务中，存在的产权和作价方面的瑕疵主要如下：

（1）股东将公司实际拥有的技术，评估后用于对公司的增资，本质上是公司资产的重估入账。

（2）股东与公司拥有相似的技术，股东用相似的技术用于出资，但其技术来源不清楚，相似技术的实质性区别难以界定。

（3）股东出资的技术可能与其他机构相关，如与原任职单位可能存在职务发明的纠纷。

（4）出资的无形资产与公司业务无关，根本没有价值，用该无形资产出资后，公司从来没有使用过该无形资产。

（5）无形资产评估价值明显过高。无形资产的评估方法一般是收益法，评估价值依赖对未来现金流量的预测。无形资产投入公司后，在预测基础未发生大的变化的情况下，如果实际收益远未达到预测的水平，则可以推测出资评估值很可能不公允。

2.4.2　出资瑕疵问题的解决及会计处理

1. 论证是否属于出资不实

对于出资瑕疵，首先要论证其是否属于出资不实。对于产权瑕疵，应从技术来源、技术本身的区别等方面加以论证，以证实股东拥有产权的合法性和独立性；对于作价瑕疵，则应强调无形资产在验资日的评估过程和评估结果，以论证验资日后的价值损失与评估作价无直接关系。必要时，可以聘请具有证券从业资格的评估机构对出资时点的无形资产价值进行评估复核。

2. 出资不实需要置换

当然，并不是所有的出资瑕疵都能够论证清楚，如果确实属于出资不实，则要考虑通过“出资置换”，补足不实出资。

所谓“出资置换”，是在无形资产出资不实的情况下，股东重新用货币资金来替换原出资，整体不实的，原有投入全部置换，部分出资不实则部分置换。

如果认定为出资不实，则账面记录的无形资产是不存在的，或者部分价值是虚估的。会计处理上，已构成前期差错，需要进行追溯调整。具体处理上，补足日之前，应冲销无形资产和相关摊销，并以对股东的“其他应收款”挂账，补足资金到位后，再冲销挂账款。需要注意的是，由于无形资产在置换之前已进行了摊销且抵扣了所得税，所以上述调整亦存在补缴所得税的问题。

对于出资时价值公允，但投入后价值出现大幅减损迹象的无形资产，一般情况下并不会构成出资不实，故亦不会涉及补足问题。在这种情况下，应该对无形资产的当前价值进行评估，评估价值较账面成本低，做资产减值处理即可。

实务中还存在一种情况：出资瑕疵经论证后认为不构成出资不实，但出于在审核过程中存在不被认可的风险，IPO 公司的股东方仍然以现金弥补了相关出资。由于性质上并不属于出资置换，那么只能理解为股东捐赠，在会计处理上，因构成权益性交易故应直接计入资本公积。

2.5　同一控制下的业务合并问题

在 IPO 实务中，为了解决同业竞争或重大关联交易问题，经常涉及同一控制下的业务重组，重组完成后，IPO公司整合了同一实际控制人下的相同或上下游业务，同时其主营业务也没有发生重大变化。

2.5.1 业务合并的背景和方式

同一控制下的重组方式包括股权收购和业务合并两大类，一般情况下，股权收购的操作过程相对业务合并更为简单。采用业务合并进行重组的情况通常有两种：一种是重组的业务并不是被重组方的全部经营性业务，而只是部分业务，故只能通过业务合并来进行收购；另一种情况是，尽管重组业务是被重组方的全部业务，但由于被重组方的主体在历史沿革、依法纳税或其他方面存在重要的法律瑕疵，股权收购容易带来风险的承继，故用业务合并回避股权收购。

在操作方式上，业务合并包括现金收购和净资产增资两类。现金收购指收购方直接以现金购买相关业务的净资产；净资产增资指被收购方将相关业务净资产作价出资投入收购方，以换取收购方的股份或出资额。

2.5.2 业务合并的条件

业务合并需要满足两个条件，一个条件是被重组对象能够构成业务。根据《企业合并》准则中的定义，业务是指企业内部某些生产经营活动或资产负债的组合，该组合具有投入、加工处理过程和产出能力，能够独立计算其成本费用或所产出的收入。构成业务，即需要在生产经营和财务核算两方面同时满足上述定义。另一个条件是需要有必要的业务重组过程，即将与业务有关的主要资产、负债、人员、技术、合同等转移至收购方。

1. 生产经营方面

在生产经营中，具有投入、加工处理过程和产出能力的主体构成业务，一项基本的生产经营业务，离不开人、财、物等必要生产要素的投入。一个法人主体下，能够构成业务的，除整体经营性业务外，也可能包括法人主体下的部门、事业部、分支机构等完整从事的某专项经营业务。一个非法人主体下的经营性业务，如个体工商户、合伙企业等，也能够构成业务。

2. 财务核算方面

重组业务的财务能够独立核算，是财务方面的原则性要求。对于一个法人主体下的全部业务，法人主体的财务体系就等于业务的财务体系；一个法人主体下的具有独立业务的分部或分支，如果财务是完全设账独立核算的，当然也没有问题。财务独立核算方面有问题的情况如下：

（1）独立业务无规范的核算。在实务中，存在尽管是被收购方的全部业务，但并不具备财务核算基础的情况。如主体属于所得税定额征收的小企业，往往只核算收入并不核算支出；主体属于个体工商户，往往定额征税，财务核算极不规范，甚至都不设财务账簿。

在上述情况下，不具备会计核算条件，根本无法形成可靠的财务报表。

（2）独立报表需要进行剥离调整。如果并购业务并非被收购方全部业务，相关业务也没有单独设账核算，或者虽然在账套中单列了项目但核算不够完整。这种情况下往往要通过对整体报表的剥离，才能形成并购业务的独立报表。

关于财务报表剥离，除证监会于 2001 年发布的《首次公开发行股票公司申报财务报表剥离调整指导意见（征求意见稿）》中有过提及外，并没有正式的法规依据。如果业务合并涉及报表剥离，应该遵循的剥离原则是：根据与业务相关的经营性资产和经营性负债编制资产负债表；根据合并的业务范围，将被收购方的收入及与之配比的成本、费用进行划分，确定重组业务利润表的收入、成本和费用。

在具体会计科目的剥离划分方面，是否与并购业务直接相关，在技术上往往是很难区分清楚的，也存在通过操纵剥离口径来调整并购业务的模拟业绩的可能性。由于多数情况下无法通过剥离形成公允可靠的独立报表，所以合并业务的独立报表往往无法建立在剥离的基础之上。

当然，如果有足够的理由说明剥离调整的公允性，合并业务的剥离报表是可以接受的。此外，被收购方不纳入合并的业务规模很小，剥离业务的财务要素对于整体报表的相关要素来说根本不具有重要性，这种情况下的剥离报表也是可以接受的。

3. 收购业务的范围方面

在业务重组实务中，由于通常涉及原资产、负债、人员、合同的转移，程序繁杂且有的转移存在障碍，故经常并不是把与业务相关的全部要素进行转移。常见的情况包括：转移资产，但不转移负债；转移厂房、设备等生产经营所必需的长期资产，但不转移流动资产；转移非银行负债，但不转移银行负债；转移人员，但不转移合同；转移合同，但不转移人员等。

通常情况下，收购方与被收购方应签订《业务重组合同》，将与业务相关的厂房、设备、生产技术、必备的生产经营人员、必备的生产经营保障性合同等生产经营所必需的要素全部纳入收购范围。因为没有这些要素，并购完成后就不具备独立开展生产经营的能力。除上述必备要素外，流动资产和负债可以不纳入收购范围，而是在原有主体结清旧的债权债务，重组完成后的新主体承担新的债权债务。不必要的人员和执行中的一般业务合同也可以不纳入收购范围，人员可以重新招聘，业务合同则可以新老划断。

如果生产经营所必需的要素不全部纳入收购范围，尤其是生产经营所必要的厂房、设备等资产不进行转移，这种情况下，业务重组的本质往往并不是承继业务而是重新开始业务，不具备业务合并的条件。比如，只转移生产技术，通过新建厂房和新购设备重新组织生产，这种情况很可能不构成业务重组；对销售主体的业务重组，如果只转移销售渠道，而不进行人员及合同的转移，则很可能不构成业务重组。

在实务中，不同的业务收购，对生产经营所必需要素的定义、范围的理解也不尽相同，但如果拟处理成同一控制下的业务合并，则需要尽可能地明确必需要素并将其全部纳入收购范围。

2.5.3 业务重组的会计处理

综上所述，只有具备完整的独立业务、可靠的独立报表并收购生产经营所必要的要素，才能够满足同一控制下业务合并的条件，适用业务合并的会计处理方法。不能同时满足上述三个条件的业务重组，不适用业务合并的会计处理方法。

1. 业务合并的会计处理

根据《企业合并》准则的规定，同一控制下的业务合并，应以合并业务相关净资产在被收购方的原账面值作为记账基础，交易价格与净资产金额的价差做增加或减少收购方的资本公积，资本公积余额不足冲减的，应冲减留存收益。

交易中可进行评估，但不接受评估调账，不能改变历史成本计量原则，记账时评估增值应冲减所有者权益，保证业绩计算的连续性。

（1）收购方个别报表。以现金收购业务的，收购方个别报表以相关净资产的原账面价值作为初始投资成本，收购价与相关净资产的差额增加或减少收购方的资本公积，资本公积余额不足冲减的，应冲减留存收益。

以出资投入收购业务的，尽管在验资时，应以相关净资产的评估值作为整体投入，评估值超过实收资本的溢价部分，计入资本公积。但在会计处理上，仍然以相关净资产的原账面价值作为初始投资成本，与新增实收资本的差额增加或减少收购方的资本公积。

（2）合并会计报表。同一控制下的业务合并，应视同被合并的业务在同一实际控制人开始实施控制时即已存在于收购方，合并报表口径下，应将业务的独立财务报表进行汇总，并对报告期内的合并财务报表进行追溯重述。

在合并业务相关资产、负债全部转移至收购方的情况下，在收购完成前的对比报表期间内，相关业务的净资产全部作为资本公积处理，与合并日最终确定的资本公积的差额，可以理解为由于收购方支付对价而减少了之前的资本公积。

在合并业务的部分资产、负债转移至收购方的情况下，在收购完成前的对比报表期间内，仍应合并业务独立报表上的全部资产、负债，相应净资产作为资本公积处理，与合并日在收购部分净资产条件下最终确定的资本公积的差额，可以理解为由于收购方支付对价并将未收购的净资产返还给被收购方，故减少了之前的资本公积。

报告期内，利润表和现金流量表同样需要追溯重述，且合并前业务的净利润应计入非经常性损益。

2. 非业务合并事项的会计处理

如上所述，有的同一控制下业务重组并不构成业务合并，属于同一控制下的非合并事项，并不适用业务合并的会计处理，主要情况如下：

（1）生产经营不满足业务的定义。在这种情况下，相关收购可能仅仅是对单项资产的收购，收购方应按收购资产进行会计处理。

（2）财务核算不满足业务的定义。如果并购业务由于财务核算的原因，无法编制独立的财务报表，相关业务合并可能只能作为资产收购，收购完成后由收购方重新规范核算。

（3）收购范围不构成业务合并。如果生产经营和财务核算两方面都能够满足业务的定义，但业务收购范围不满足合并的要求，那么相关收购很可能只能作为对部分资产的收购。

上述三种情况下的业务重组，都属于同一控制下的非合并事项。《证券期货法律适用意见第 3 号》规定：重组属于同一公司控制权人下的非企业合并事项，被重组方重组前一个会计年度末的资产总额或前一个会计年度的营业收入或利润总额达到或超过重组前发行人相应项目 20% 的，应假定重组后的公司架构在申报报表期初即已存在，编制发行人最近 3 年及一期备考利润表，并由申报会计师出具意见。

但是，编制备考利润表，也同样需要相关业务能够单独编制利润表。第一种情况不构成业务，无利润表的概念；第二种情况，尽管生产经营和业务收购方面都符合业务合并，但由于无法编制独立的报表，故既无法追溯编制合并报表，也无法通过备考编制合并报表；第三种情况，生产经营既能构成业务，财务又能独立编制报表，只是由于业务收购范围原因未构成业务合并，只有在这种情况下，才能够在报告期内编制备考利润表。

2.5.4 业务合并对 IPO 的影响

根据《证券期货法律适用意见第 3 号》的规定，如果 IPO 公司在报告期内发生重组，被收购方或被收购业务重组前一个会计年度末的资产总额或前一个会计年度的营业收入或利润总额达到或超过重组前 IPO 公司相应项目 100% 的，IPO 公司需要在重组后运行一个会计年度后方可申请发行；如果上述项目比重不超过 100% 的指标，则不影响上市申报的时间。

2.6 整体改制中的个人所得税问题

有限公司整体改制为股份公司时，由于往往存在留存收益（盈余公积和未分配利润）转增股本的过程，故个人股东需要缴纳个人所得税。但在 IPO 实务中，确有一些公开认为不需要缴税的案例。

案例 2-1

公元太阳能

2011 年 12 月，公元太阳能[㊀]公开了整体改制中规避个人所得税的一种常用的操作办法：股改前，将有限公司注册资本增加至预定的股本；股改时，股份公司股本即为有限公司实收资本。

根据公元太阳能于 2011 年 11 月公布的《首次公开发行股票并在创业板上市招股说明书》(申报稿)[㊁]，其改制前后的权益结构如表 2-1 所示。

㊀ 公元太阳能全称“公元太阳能股份有限公司”，其创业板首发申请于 2011 年 11 月被证监会否决。

㊁ 申报稿招股说明书来源于中国证监会网站 www.csrc.gov.cn。

表 2-1 （单位：万元）

净资产项目	改制前	改制后
股本（实收资本）	11 000.00	11 000.00
资本公积		5 825.88
盈余公积	149.56	
未分配利润	5 676.31	
	16 825.88	16 825.88

公元太阳能股改时个人股东未缴纳个人所得税，审核中显然是受到了重点关注，保荐机构的反馈意见如下：在整体变更中未增加注册资本，自然人股东不需要缴纳个人所得税；当地税务主管部门对此予以批复认可；实际控制人对整体变更时可能涉及的个人所得税事项做出了相关承诺，因此，上述事宜对发行人本次发行上市未构成障碍。

按上述案例中的理解，净资产中的留存收益未增加股本，而是增加了资本公积，留存收益转增股本是需要交税的，但转增资本公积并不需要交税。

案例 2-2

天龙光电

天龙光电[⊖]2009 年年末上市，其招股说明书中对改制没有缴纳个人所得税的论述引起了很大的争议。

根据天龙光电于 2009 年 11 月公布的《首次公开发行股票并在创业板上市招股说明书》(申报稿)[⊜]，天龙光电改制前后的权益结构如表 2-2 所示。

天龙光电的做法是改制中一个非常普通的操作，但保荐机构的反馈意见如下：目前我国现行法律、法规没有明确规定有限责任公司变更设立股份有限公司时，其自然人出资应该缴纳个人所得税。整体改制时不是转增注册资本的过程，自然人股东不会产生应纳个人所得税的义务。

⊖ 天龙光电全称“江苏华盛天龙光电设备股份有限公司”，2009 年 12 月在创业板上市，股票代码“300029”。

⊜ 申报稿招股说明书来源于中国证监会网站 www.csrc.gov.cn。

表　2-2　　　　（单位：万元）

净资产项目	改制前	改制后
股本（实收资本）	1 589.83	7 500.00
资本公积	6 996.30	7 749.80
盈余公积	552.39	
未分配利润	6 111.28	
	15 249.80	15 249.80

上述保荐机构的理解，显然是“不走寻常路”。不过，财政部的一纸检查公告很快宣布了这不是一条正确的道路。2011 年 11 月，财政部发布《会计信息质量检查公告（第 21 号）》，认为：天龙光电 2008 年以盈余公积、未分配利润折股，自然人股东未缴纳个人所得税 789 万元。

在天龙光电案例中，根据财政部计算的补税 789 万元测算，正好是个人股东享受的留存收益的 20%，即财政部认为：全部留存收益都要纳税，但原资本公积部分不需要交税。

结合上述两个案例，根据目前税法的规定，继续分析如何把握整体改制个人所得税问题。

1. 整体改制属于转增行为

整体改制应理解为资本转增行为，即用原属于有限公司的资本公积（原资本公积）和留存收益进行转增，形成新股份公司的股本和资本公积（新资本公积）。

对转增过程，有两种不同理解：第一种，原资本公积和留存收益一并转入新股本，超过新增股本部分计入新资本公积。第二种，留存收益同时转增股本和新资本公积，可能存在的具体情况包括：留存收益超过新增股本时，视作留存收益部分转增股本，部分转增新资本公积；留存收益等于新增股本时，视作留存收益全部转增股本；留存收益低于新增股本时，视作留存收益全部转增股本，原资本公积再转增不足的股本。

再具体到上述案例，其转增过程如下：

（1）公元太阳能显然符合上述第二种理解：股本前后未发生变化，新增股本为0，即留存收益全部形成了资本公积。如果是第一种理解，其留存收益5 825.88万元亦应缴纳个人所得税。

（2）在天龙光电案例中，保荐机构认为整体改制时不是转增注册资本的过程，显然是不对的，按第二种理解，具体为：留存收益合计6 663.67万元，其中5 910.17万元转增了股本，753.5万元转增了资本公积。

但是，财政部把握的应该是第一种理解，留存收益和原资本公积全部转入股本，而不是分别转入股本和资本公积。

2. 目前税法的相关规定

（1）留存收益转增股本。根据《征收个人所得税若干问题的规定》（国税发[1994]89号）的规定，股份制企业在分配股息、红利时，以股票形式向股东个人支付应得的股息、红利（即派发红股），应以派发红股的股票票面金额为收入额，按利息、股息、红利项目计征个人所得税。

根据《国家税务总局关于股份制企业转增股本和派发红股征免个人所得税的通知》（国税发[1997]198号）的规定，股份制企业用盈余公积金派发红股属于股息、红利性质的分配，对个人取得的红股数额，应作为个人所得征税。

根据《国家税务总局关于盈余公积金转增注册资本征收个人所得税问题的批复》（国税函发[1998]333号）的规定，有限公司从税后利润中提取的法定公积金和任意公积金转增注册资本，实际上是该公司将盈余公积金向股东分配了股息、红利，股东再以分得的股息、红利增加注册资本。因此也应按照"利息、股息、红利所得"项目征收个人所得税。

（2）留存收益转增资本公积。对于留存收益转增资本公积，税法没有直接的规定。2010年，国家税务总局在对网上咨询问题"有限责任公司整体变更为股份有限公司时，盈余公积和未分配利润转增股本和资本公积，个人股东如何缴纳个人所得税？"的答复中明确：盈余公积和未分配利润转增股本应当按"利息、股息、红利所得"项目计征个人所得税，转增资本公积不计征个人所得税。

（3）资本公积转增股本。根据《国家税务总局关于股份制企业转增股本和派发红股征免个人所得税的通知》（国税发 [1997]198 号）的规定，股份制企业用资本公积金转增股本不属于股息、红利性质的分配，对个人取得的转增股本数额，不作为个人所得，不征收个人所得税。

根据《国家税务总局关于原城市信用社在转制为城市合作银行过程中个人股增值所得应纳个人所得税的批复》（国税函〔1998〕289 号）的规定，对股份制企业用股票溢价发行收入形成的资本公积转增资本不征收个人所得税，除此之外，其他资本公积转增资本应征收个人所得税。

3. 对税法理解存在的争议

（1）对留存收益转增过程的不同理解。将公元太阳能的转增过程理解为盈余公积直接转增资本公积，那么天龙光电也可以此来抗辩：其转增过程可以视为留存收益部分转增股本，部分转增资本公积，转入股本部分缴纳个人所得税，转入资本公积部分不缴税。

从处罚结果看，财政部显然不是这样把握的。但国家税务总局的咨询问答却认可了整体改制中留存收益转增股本和资本公积的情况。

（2）资本公积转增是否缴税。有限公司形成的原资本公积转增股本（包括有限公司阶段转增资本）是否需要缴纳个人所得税，争议点在于对“对股份制企业用股票溢价发行收入形成的资本公积转增资本不征收个人所得税”的理解。狭义地理解，不征税的资本公积是股份公司发行股票形成的溢价，有限公司的资本溢价不属此列；而广义地理解，有限公司亦属于股份制企业，股票溢价与资本溢价并无本质的区别，所以有限公司的资本溢价理应不缴税。

4. 实务中能不能学习公元太阳能

对于整体改制的个人所得税问题，证监会审核中的口径是：IPO 公司在改制环节因将净资产折合为股本，个人股东是否需缴纳个人所得税，怎么缴纳，由当地税务部门决定。从实务中看，目前各地税务部门把握也不一致。

在公元太阳能的案例中，该事项至少有四方进行了背书认可，其中保荐机构、律师、税务机关都认为不涉税，股东则进行了补税承诺。所以，实务中确实能够通过这种操作规避改制个人所得税，当然前提是相关各方，尤其是税务机关能够明确背书。

在目前的税收环境下，税务机关更倾向于从严解读税法。从各地的实际操作看，之前资本公积转增几乎没有被要求征税的，但近期有限公司的资本公积转增基本都要求缴纳个人所得税。实践中，IPO 公司仍然可以学习公元太阳能，对留存收益的转增过程做有利于纳税的理解。

2.7 政府科研项目补助的会计处理问题

IPO 公司中高科技公司占有较大比重，高科技公司经常会申请并承担一些政府科研项目，如属于国家科技计划的“863 计划”项目、“重大科技支撑计划”项目等，并接受政府拨付的项目专项经费。政府科研项目拨款是政府补助最常见的方式之一，从会计准则的角度看，项目补助最终会通过一次确认或分次摊销计入损益，但在实务处理过程中，补助的性质、补助何时计入损益、补助用何种方法计入损益都面临着一些可选择的判断，从而可能对各期利润造成较大的影响。

2.7.1 是政府补助还是政府投入

科研项目拨款属于政府补助还是政府投入，关键是判断拨款是否具有“无偿性”的特点。是否具有“无偿性”，重点是要分析政府对项目所形成的成果是否有权利要求，包括对研发过程中形成的固定资产以及研发形成的知识产权的所有权或使用权的要求。如果政府享有对项目成果的大部分权利，甚至直接控制或占用项目成果，则项目拨款的性质很可能属于与所有权有关的政府投入。

在实务中，科研项目拨款通常对科研成果有一定的限制，比如国家科技计划的经费管理一般规定：专项经费形成的固定资产属于国有资产，一般由课题承担单位进行管理和使用，国家有权调配用于相关科学研究开发；研究成果及其形成的知识产权，除涉及国家安全、国家利益和重大社会公共利益的以外，国家授予项目承担单位。项目承担单位可以依法自主决定实施、许可他人实施、转让、作价入股等，并取得相应的收益。

从以上规定可以看出，对于专项经费形成的固定资产，虽然原则上界定为国有产权，但一般由课题承担单位进行管理和使用，实务中也很少有调配转移的情况，故在正常情况下，应理解为科研单位控制并享有相关收益，会计上可以确认为账面资产。对于知识产权，一般由科研单位申请并享有相关收益，尽管国家也享有无偿使用权，但正常情况下所有权应理解为属于科研单位。

综上分析，科技拨款项目的性质是否属于政府补助，涉及一些主观判断。但在 IPO 实务中，绝大部分 IPO 公司是将其视为政府补助处理。

2.7.2 是收到确认还是验收确认损益

多数情况下，科研项目补助都附有验收条件，如果无法通过政府验收，则存在政府收回补助的可能性。所以在理论上，只有项目通过验收，才能够完全满足政府补助所附的条件，补助资金才最终消除了返还的可能性。在这种理解下，通过验收的时点，才是政府补助开始计入损益的时点。

从会计准则本身来讲，准则并不要求在将政府补助计入损益之前，企业已经实际满足了政府补助所附的全部条件，只要求企业对能否满足政府补助所附条件提供合理的保证，即企业“很可能”未来能够满足政府补助的条件。在实务中，企业申请承担国家某项科研项目，其对研发风险的控制和研发成功的必然性都已进行了充分论证，政府资金一旦拨付，因无法通过验收而返还的情况是较为少见的，所以，站在企业的角度，项目一旦申报成功，原则上应判定“很可能”会形成成果并满足项目的全部所附条件。

总之，项目通过政府验收的“可能性”判断属于会计估计的范畴。在实务中，从最严谨的角度，如果无法判断验收通过的可能性，当然可以在项目通过验收后开始确认政府补助收益。但是，在正常情况下，不应认为项目验收是确认政府补助收益的前提，且多数情况下应该在收到第一笔补助款项时即进入政府补助的会计处理程序。

2.7.3 是与资产相关还是与收益相关

准则对政府补助的处理是分借方、贷方两条线的，借方是归集资产或费用，贷方是处理递延收益。区分补助是与资产相关还是与收益相关，多数情况下应看借方这条线的处理。

（1）如果借方计入长期资产（固定资产、在建工程、无形资产、开发支出），就是与资产相关。

（2）如果借方计入费用，就是与收益相关。

（3）如果既计入资产又计入费用，或者计入不同类的多项资产，则要区分：如果补助本身明确了归属资产和费用的类别，那么借方的分类则需要与贷方的分类相对应，并将贷方区分为与不同资产和收益相关；如果补助本身并不能够区分归属，借方既计入资产又计入费用的，则性质上属于综合性补助，应直接视为与收益相关；同类资产包括不同资产明细的，则全部补助可以按金额划分对应到不同资产明细，或者简化起见，直接对应到主要资产。

2.7.4 是按实摊销还是分期摊销

与收益相关的补助，按准则规定：用于补偿未发生的费用，在确认相关费用期间，计入损益；用于补偿已发生的费用，收到时直接计入损益。

费用的确认依赖于项目的内控，如果收到拨款时项目已立项，且单独归集费用，就可以清楚地知道收到拨款时项目的费用情况，并一次性补偿已发生费用。但对于补偿未发生费用的，又有两种可选择的方法。

1. 按项目各期的实际费用据实摊销

在收到项目拨款后，按每期发生的实际研发费用等额结转递延收益。从补偿原理上看，这种方法更切合准则规定，但具体操作中往往实际费用难以直接确定，归集分配过程易形成主观判断。比如，有些项目既有政府拨款又有自筹资金，无法直接区分政府拨款单独形成的费用。

2. 按项目期间用直线法分期摊销

在收到项目拨款后，在剩余研发期间内按直线法摊销并结转递延收益。这种方法简单直观，尽管可能不如据实摊销更配比一些，但却能够很好地解决分摊客观性的问题。

在实务中，第一种方法依赖实际费用的归集，更容易带来利润操纵。第二种方法减少了主观判断的过程，是一种更可控的方法。

2.7.5　是经常性还是非经常性损益

科研项目的政府补助具有“偶发性”的特点，是《公开发行证券的公司信息披露规范问答第 1 号——非经常性损益》中明确列举的非经常性损益事项。

在 IPO 实务中，一方面研发费用并不支持资本化处理；另一方面补助形成的收益属于非经常性损益，造成的结果往往是：科研能力越强，申请的国家科研项目越多，研发费用投入越大，扣除非经常性损益后的净利润指标越差。这种结果的逻辑是：企业的研发项目都是根据业务需要自行确定的，无论国家是否补助，其研发费用的投入都是必要的，所以政府补助是属于非经常性的。实际上，净利润指标变差的关键节点仍然是开发支出不进行资本化处理的问题。

第3章 会计方法案例分析

3.1 神州泰岳：两次申报的收入差异⊖

3.1.1 案例公司相关背景

神州泰岳全称“北京神州泰岳软件股份有限公司”，是创业板第一批上市公司，股票代码“300002”。神州泰岳曾经两次向证监会递交上市申请。2008年6月，公司第一次公布《首次公开发行股票招股说明书》(申报稿)，拟在深圳中小板上市，但未能通过发审委审核；2009年9月，公司第二次公布《首次公开发行股票并在创业板上市招股说明书》(申报稿)，最终通过审核，于2009年9月成功发行股票并在创业板上市。

⊖ 本节相关表述和分析所依据的资料来源于神州泰岳第一次申报稿招股说明书和第二次申报稿招股说明书。第一次申报稿招股说明书和第二次申报稿招股说明书均来源于中国证监会网站 www.csrc.gov.cn。

公司主营业务为向国内电信、金融、能源等行业的大中型企业和政府部门提供 IT 运维管理的整体解决方案，包括软件产品开发与销售、技术服务和相应的系统集成。

3.1.2 两次申报的收入差异

前后两次申报，报告期均包括 2006 年和 2007 年，但通过比较两次招股说明书，可以发现不但两个版本的收入、成本等利润表科目存在较大差异，而且两次披露的收入确认的具体方法也存在差异。

1. 相同年度的收入存在较大差异

收入和成本的差异情况如表 3-1 所示。

表 3-1 （单位：万元）

差异项目	2008 年版本	2009 年版本	差 异
2006 年收入	20 877.22	18 760.43	−2 116.79
2006 年成本	12 746.50	11 548.16	−1 198.34
2007 年收入	41 734.20	44 276.65	2 542.45
2007 年成本	25 604.46	27 313.16	1 708.70

前后两次的收入分类情况也存在差异，见如表 3-2 和表 3-3 所示。

（1）2008 年版本的收入。

表 3-2 （单位：万元）

类 别	2007 年	2006 年
软硬件销售、集成	26 842.95	17 751.00
自主软件	538.76	441.97
技术服务	14 352.50	2 684.26
其中：来自飞信业务	8 450.95	—
合计	41 734.20	20 877.22

（2）2009 年版本的收入。

2. 披露的收入确认方法存在差异

（1）2008 年版本的招股说明书披露的收入确认方法。

表 3-3　　　　（单位：万元）

类　别	2007 年	2006 年
系统集成	26 354.05	11 228.19
软件产品开发与销售	5 801.73	4 804.69
技术服务	12 120.87	2 727.55
其中：来自飞信业务	8 773.92	—
合计	44 276.65	18 760.43

1）软硬件销售、集成软硬件销售。集成包括：①向用户销售本公司自主开发的软件和外购软硬件集成后的运维管理总体解决方案；②本公司外购并直接销售的软硬件。

属于运维管理总体解决方案的系统集成软硬件收入具体确认方法为：在资产负债表日以用户确认的进度为依据确认相关的系统集成收入，即对于合同中规定需进行初验或终验的，公司在收到初验和终验报告后，按合同约定的初验和终验付款比例确认收入，其余尾款（一般为 10% ～ 20%）收入在合同约定期满后再确认收入。

属于直接销售部分的软硬件，公司已将商品所有权上的主要风险和报酬转移给购买方；既没有保留通常与所有权相联系的继续管理权，也没有对已售出的商品实施有效控制；收入的金额能够可靠地计量；相关的经济利益很可能流入企业；相关的已发生或将发生的成本能够可靠地计量时，确认营业收入实现。

2）单独销售的自主软件。单独销售的自主软件收入确认原则与属于直接销售部分的软硬件销售确认原则相同。

3）技术服务。技术服务按照业务模式的不同，具体收入确认方式也不同。属于系统集成即运维管理总体解决方案的技术服务收入的确认原则同属于软硬件集成的收入确认原则相同。

公司单独提供的技术服务收入如果开始和完成分属不同会计年度，如提供劳务交易的结果能够可靠估计，在资产负债表日按完工百分比法确认相关的劳务收入。例如，公司按照一定的服务期限为客户持续提供技术服务，则每一会计期间将该会计期间占全部技术服务期限的比例作为完工比例确认收入；公司为客户提供的为单次技术服务，则在该服务已提供后确认营业收入。

公司全资子公司新媒传信为北京移动提供的飞信支撑服务，根据每月活跃用户数量和每月用户结算标准确认劳务收入。

（2）2009年版本的招股说明书披露的收入确认方法。公司的合同一般为两类：约定服务期限的服务合同和约定验收条款的软件产品开发与销售、技术服务以及系统集成合同。针对上述合同，公司的收入确认采用如下具体方法。

1）合同明确约定服务期限的，在合同约定的服务期限内按进度确认收入。公司的这类合同，主要包括飞信运营支撑外包服务合同。飞信运维支撑外包服务每月确认收入的具体公式为：

每月确认收入金额＝活跃用户数（A）× 收费标准（B）×95%（C）

式中　A——以中国移动飞信运营主体确认的活跃用户数为基础。

B——飞信运维支撑服务合同规定的单位活跃用户数的收费标准。

C——该比例为发行人对飞信业务提供运维支撑服务以来，每月最低考核得分对应的支付比例。

2）约定验收条款的软件产品开发与销售、技术服务以及系统集成合同。①合同中明确约定合同总金额中包含质保金的，在确认收入时，先扣除质保金部分，然后按如下方法确认收入；质保期届满后，再将该质保金确认收入。②取得初验报告开始确认收入。公司的销售合同一般包括软硬件设备的配置、采购与到货验收、软件功能的开发、现场安装、系统测试、移交、系统培训、联网测试、初验、系统试运行和终验等环节，其中初验和终验是客户对系统运行情况做出的评价，也是公司与客户结算的主要依据和环节。在初验阶段完成时，围绕项目的大部分工作均已完成，之后只是可能在试运行期间进行部分系统功能的修改，所涉工作内容很少，工作量也不大。因此，公司应在取得初验报告后开始确认收入。③初验确认收入的比例。由于公司的销售合同主要依靠项目实施人员及自有软件技术的整合来实现，因此，公司以投入工时为计算基础，以完工进度作为确认收入的依据。根据历年已完工典型合同统计，初验时项目投入工时约为80%左右，因此，公司按照以下标准孰低的原则确定初验收入的确认比例。

A. 初验时合同约定的付款比例等于或高于80%，则以80%确认收入；

B. 初验时合同约定的付款比例低于80%，则以合同约定的比例确认收入。

公司每年年末会根据当年完工合同情况，对初验完工进度进行复核。

④终验时的收入确认：取得客户终验报告后进行确认时，公司扣除初验已确认的比例后，将其余部分确认收入。

3.1.3　案例评析

比较两个版本收入方法的表述，不难看出2009年版本比2008年版本更清楚，更有条理。公司第二次顺利过会，说明2009年版本的收入确认方法在审核之中更能得到认可。

1. 两次收入方法的不同之处

根据披露，按产品销售、系统集成、提供劳务三大类分析两次收入方法的区别。

（1）产品销售。在2008年版本中，“软硬件销售、集成”类中的软硬件销售以及“自主软件”销售，性质上归入产品销售，按“已将商品所有权上的主要风险和报酬转移给购买方”等核心原则确定销售收入。

在2009年版本中，“系统集成”的分类应该等同于2008年版本中的“软硬件销售、集成”，即软硬件销售统一按系统集成的方法来确认收入。在“软件产品的开发和销售”中，软件产品包括自主开发软件产品和定制开发软件产品，2009年版本未区分是否属于产品销售，统一按完工进度分两次确认收入。

（2）系统集成。系统集成合同约定了验收条件，一般包括初验、终验和质保期。

在 2008 年版本中，系统集成归入产品销售类，并没有按标准的产品销售验收后一次性确认收入，而是分两次确认，一次在初验或终验，一次在合同约定期满后。但是前一次是初验还是终验不太明确，后一次的约定期满是指在终验完成后还是在质保期结束后也没有明确。

2009 年版本中表述得比较清楚，明确采用完工百分比法，除质保金暂不确认外，系统集成收入分两次确认，一次在初验后，一次在终验后，且初验采用完工进度（80%）与付款进度标准孰低的原则。

（3）提供劳务。在两个版本中，除飞信业务外，其他提供劳务业务的确认方法则有所区别，2008 年版本中，强调按完工百分比法确认，并举例以时间进度确认完工百分比，而 2009 年版本中统一按完工进度分两次确认收入。

尽管收入方法有些不同，但是两个版本收入的差异可能并不是完全由收入方法变化造成的，应该也存在一些会计差错的因素，比如，两次关于飞信业务的方法应该是相同的，但收入金额仍有差别。

2. 后一次收入方法的可控性

前后两个版本由不同的会计师审计，尽管观点可以有所不同，但如果差异太大，公司应负会计责任，审核中对会计基础和内部控制也会产生负面影响，所以按正常理解，无论是在方法上，还是在结果上，前后两次不宜产生较大的差异，后一次的处理肯定会受到前一次的制约。公司主要的系统集成和飞信业务，两次的收入方法并没有本质上的重大区别，但后一次的表述更清楚、更可控、更谨慎一些。

2009 年版本规定：只要约定了验收条款，无论是软件产品开发与销售、技术服务还是系统集成合同，均采用完工进度分两次确认收入。

（1）为什么不能仅以工时进度作为完工百分比。在选择完工百分比时，基础考虑是工时进度（完工百分比 =（项目已发生工时 / 项目总工时）× 100%），但工时进度是一个完全的内部进度，不需要客户认可，且涉及总工时预计等非客观要素，缺乏足够的可控性，这也是审核过程中强调引入外部证据，即需要取得经客户认可的工程进度对内部进度进行验证的原因。

付款进度只是与客户的资金结算进度，并不等同于客户认可的工程进度，有时候，付款进度可能由于存在预付的成分而超过了工程进度，但确定付款进度的前提是通过客户的工程验收，付款进度是唯一可选择的外部进度量化标准，故将付款进度作为外部证据，通过比较工时进度（经验值 80%）以孰低原则确定完工百分比。

（2）初验之前为什么不确认收入。在整个项目过程中，完工初验很可能是客户首次对工程进度进行正式确认，初验之前尽管收款，但并不存在工程进度确认，所以，首次确认收入只能落在初验时点上。

初验后确认收入，可能还有一个考虑，即如果将系统项目作为一个整体产品，客户未明确验收之前，风险与报酬尚未真正转移，客户理论上也有退货的可能。而初验之后，系统产品不成功的可能性很小，大部分风险已经转移。

（3）质保金的处理更谨慎。质保金是否确认收入是基于对其可收回性的判断，实务中也没有明确的倾向。公司在质保期满后再确认质保金，明显更为谨慎一些。

3. 更适当的收入确认方法

选择收入方法的前提是首先确定收入类型，其次根据会计准则确定收入政策，最后才是制定符合政策的具体方法。在 2009 年版本中，除飞信收入外，软件产品开发与销售、技术服务、系统集成合同，均采用完工进度分两次确认收入，是否完全符合收入确认政策的方法呢？

（1）软件产品销售。自主开发软件产品的开发过程不属于提供劳务，而是产品生产过程，所以销售自主开发产品，很可能属于产品销售，产品验收交付后一次性确认收入。

（2）系统集成合同。两个版本的招股说明书中，系统集成作为最主要的收入类型，实质上均采用了完工百分比法。完工百分比法应用于两种业务，一种是提供劳务，另一种是建造合同。2008 年版本招股说明书中，似乎更倾向于将其视为产品销售，但产品销售运用完工百分比是没有准则依据的。2009 年版本中未提及《建造合同》准则，故只能理解为将系统集成视作提供劳务，但系统集成整体收入中是以软硬件销售为主，公司是有集成资质的承包商，相比于提供劳务，系统集成从方法上适用于《建造合同》准则。

依上述分析，如果运用完工百分比确认系统集成收入是可行的，则同时应按准则规定，预计项目总成本，并根据完工进度计算当期成本。但是两版招股说明书都没有明确成本的确定方式，也没有提及预计总成本，可以推测公司在确认收入时，是将项目账面累计归集的成本全部结转了成本，但成本进度与完工进度是不可能完全相符的，所以会造成两次收入确认时毛利率的差异不符合配比原则。

综上，前后两个版本的收入和成本方法并不完全符合会计准则的规定。

（3）更适当的确认方法。适当的会计方法，首先要保证符合会计准则，其次是保持足够的可控性。对于系统集成项目，往往存在两个特点，一是客户在过程中并不进行进度验工，进度的外部证据不容易取得；二是成本的发生并不均匀，软件、硬件及设计安装等部分的毛利率差别较大，阶段性收入成本难以配比。所以，尽管系统集成项目可以运用完工百分比，且神州泰岳采用完工进度分两次确认收入的方法也具有可控性和谨慎性，但在实务中，将系统集成项目视同产品销售，在完工并经客户验收时一次确认收入更为适当。

3.2　荣之联：报告期内变更收入确认方法[⊖]

3.2.1　案例公司相关背景

荣之联全称“荣之联科技股份有限公司”，是深圳中小板上市公司，股票代码“002642”。荣之联于 2011 年 10 月公开《首次公开发行股票招股说明书》(申报稿)，并于当月通过发审委审核，2011 年 12 月成功发行股票并上市。

⊖ 本节相关表述和分析所依据的资料来源于荣之联申报稿招股说明书。荣之联申报稿招股说明书来源于中国证监会网站 www.csrc.gov.cn。

公司作为IT系统集成商，主要向大中型企事业单位的数据中心提供系统集成及相关技术服务，客户涵盖能源、电信、生物、制造、政府、金融等行业和部门。公司在“高性能计算”“大容量高性能存储”“统一身份认证与访问管理”等领域拥有成熟的解决方案。

3.2.2　报告期内变更收入确认方法

根据招股说明书，公司报告期包括2008年至2011年6月，报告期内，其系统集成业务的收入确认方法发生了变更，具体如下：

2008年度及以前，公司对于系统集成收入按完工进度确认收入。系统集成项目通常需要经过咨询、方案设计、采购、软件开发、到货点验、系统搭建、安装调试、试运行、系统验收等过程。由于在客户尚未对系统集成项目进行验收之前，项目并未最终实施完毕，风险与报酬尚未完全转移，理论上还存在客户要求退货或者追加成本的可能。

随着公司业务规模的不断扩大，需要安装调试和系统验收的系统集成项目不断增加，公司根据系统集成业务的特点，并参考了行业内其他上市公司的做法，认为有必要以更为稳健的方式确认系统集成业务的收入。

2009年5月18日，公司召开第一届第八次董事会并做出决议：对于公司系统集成收入，需要在完成系统安装调试并取得买方签署的验收报告时，确认系统集成收入的实现。

公司管理层认为，公司系统集成收入确认方法的变更，使公司的收入确认方法更加稳健、更符合公司业务实质、更符合行业内通行的做法。收入确认方法变更后，公司对之前的财务报表进行了追溯调整，以保证公司申报财务报表各期间会计政策的一致性和可比性。上述变更事项使公司2008年、2009年申报财务报表与原始财务报表产生一定差异，但该差异并不影响报告使用者对公司申报财务数据的理解。公司管理层认为，公司申报财务报告中近三年及一期的财务数据真实、准确、完整地反映了近三年及一期公司的财务状况、经营成果和现金流量，上述变更是合理的、谨慎的。

公司变更后的系统集成收入确认方法为：

公司的系统集成业务是指根据客户的业务特点和 IT 需求，就其数据中心规划、IT 系统架构设计、软硬件选型与开发、系统搭建等方面提出整体解决方案并完成实施的过程。

此类业务通常需要经过咨询、方案设计、采购、软件开发、到货点验、系统搭建、安装调试、试运行、系统验收等过程。在合同约定的标的物交付，完成系统安装调试并取得买方签署的验收报告时，确认系统集成收入的实现。

3.2.3　案例分析

1. 更可控的收入确认方法

（1）系统集成不宜适用《建造合同》准则。理论上，系统集成适用《建造合同》准则，可以采用完工百分比确认收入，这也是荣之联变更前所采用的方法。但一方面，系统集成中的软件、硬件、设计安装等部分的毛利水平相差较大，按完工百分比平均确定毛利有违配比原则；另一方面，系统集成多属于“交钥匙”工程，在系统调试进行初验或终验前，业主或监理方在过程中往往并不进行工程进度的确认，完工进度没有客观证据。所以，采用完工百分比法，多数情况下缺乏足够的可控性。

（2）一次性确认是更可控的方法。变更后的系统集成收入方法为：在完成系统安装调试并取得买方签署的验收报告时，确认系统集成收入的实现，即由原完工百分比法修改为一次性确认收入。实际上已不再将系统集成作为《建造合同》，而是将整体系统视为一种特殊“产品”，采用产品销售的收入政策，收入确认时点强调“与产品所有权相关的主要风险和报酬的转移”。

与完工百分比法相比较，完工确认的核心证据是业主的验收报告，验收报告作为外部证据更具有可控性。同时，一次性确认收入和成本，也更具有配比性。

公司也认为，系统集成一次性的收入确认方法更加稳健、更符合公司业务实质、更符合行业内通行的做法。

（3）初验还是终验。多数系统集成合同的验收包括：安装调试完成后进行初验；试运行后进行终验；终验完成后进入质保期。在荣之联招股说明书中，并没有明确收入确认时点是在初验还是终验。原则上，选择初验还是终验关键是判断“主要风险和报酬的转移”的时点，终验当然更稳健一些，但初验时一般系统已经调试，工作量几乎全部完成，且实务中可能终验被人为地拖延时间，所以，初验也是实务中常见的标准。

2. 申报报表与原始报表的差异

系统集成收入方法的变更，本质上是采用建造合同还是产品销售准则的选择，应该理解为报告期内的会计政策变更。由此带来的影响是“上述变更事项使公司 2008 年、2009 年申报财务报表与原始财务报表产生一定差异”，且可以推测，两种方法下申报报表与原始报表差异金额应该还是比较大的。

严格来说，除非一些法定的变更，报告期内申报报表与原始报表任何的重大差异都可以上升为内部控制问题。但会计方法的变更，尤其是变更为更可控的方法，与重大差错所带来的变更是不同的，显然在 IPO 中是易于解释并易于被监管层接受的。

3.3　蒙草抗旱和铁汉生态：建造合同收入确认方法㊀

3.3.1　蒙草抗旱

1. 案例公司相关背景

蒙草抗旱全称“内蒙古和信园蒙草抗旱绿化股份有限公司”，是创业板上市公司，股票代码“300355”。蒙草抗旱于 2012 年 4 月公布《首次公开发行股票并在创业板上市招股说明书》（申报稿），2012 年 9 月成功发行股票并

㊀　本节相关表述和分析所依据的资料来源于蒙草抗旱申报稿招股说明书和铁汉生态申报稿招股说明书。蒙草抗旱申报稿招股说明书和铁汉生态申报稿招股说明书均来源于中国证监会网站 www.csrc.gov.cn。

上市。

公司所处行业为干旱半干旱地区的生态环境建设行业，主营业务为在我国干旱半干旱地区运用蒙草进行节约型生态环境建设，主要包括工程设计施工与苗木培育，推广应用蒙草是工程设计施工的基本原则之一。

2. 建造合同收入确认方法

招股说明书披露的建造合同类型以及收入确认方法如下：

（1）建造合同类型。公司签订的建造合同类型属于固定造价合同，根据对价款的约定方式不同，分为约定工程总价的合同（以下简称“总价合同”）和约定费率（或下浮比例）的合同（以下简称“费率合同”）。

总价合同：是指根据合同规定的工程施工内容和有关条件，建设方应付给施工方的款额是一个规定的金额，即有明确总价的合同。公司签署的总价合同一般为可调总价合同，即该类合同价格是以图纸及规定、规范为基础，按照时价进行计算，得到包括全部工程任务和内容的暂定合同价格。它是一种相对固定的价格，当发生设计变更、工程量变化或其他工程条件变化所引起的费用变化时，可按合同约定调整合同总价。

费率合同：以费率（指施工管理费和利润等间接费用占工程直接费用的百分比）的高低或以总造价的下浮比例代替工程总造价的多少进行竞标，经评标委员会以各投标人所报的费率、下浮比例为主，结合所报工期和质量承诺、施工组织设计及企业施工业绩等其他相关指标进行综合评审，最终确定的合同。该类合同相比总价合同来说，多用于设计图纸不完善、边设计边施工和预计施工变更频繁的工程项目。

（2）核算方法。根据建造合同准则的相关规定，有关核算流程如下：

1）完工进度的确定。完工进度的确定方法：完工进度 = 累计实际发生的合同成本 / 合同预计总成本 ×100%，累计实际发生的合同成本是指实现工程完工进度所发生的直接成本和间接成本。

2）完工百分比法的运用。确定完工进度后，根据完工百分比法确认和计量当期的合同收入和费用：

当期确认的合同收入＝合同总价款 × 完工进度－以前会计期间累计已确认的收入；当期确认的合同费用＝合同预计总成本 × 完工进度－以前会计期间累计已确认的费用；当期确认的合同毛利＝当期确认的合同收入－当期确认的合同费用。

上述公式中的完工进度指累计完工进度。对于当期完成的建造合同，应当按照实际合同总收入扣除以前会计期间累计已确认收入后的金额，确认为当期合同收入；同时，按照累计确认的合同费用扣除以前会计期间累计已确认费用后的金额，确认为当期合同费用。

3）完工百分比法确认的合同收入与工程建设方工程结算单确认的完工产值差异率处理。

根据公司工程业务流程，为了及时准确地反映项目的实际进度情况，项目部均应经过公司内部审核后及时向监理、建设方申报完成的产值，经监理审核后由建设方确认，作为当期完成的产值确认及以后结算、竣工决算的依据。由于施工行业中施工方相比建设方往往都处于弱势地位，建设方确认的完工产值通常会低于施工方根据完工进度确认的产值，两者差异较小或者虽然有一定差异但双方签订了总价合同的，风险相对可控；若是在费率合同下且差异较大，因无固定的总额造价，工程价款的计算基础是根据经监理及建设方认可的实际完成工作量按照定额标准来进行确定的，不被建设方确认的已施工产值不能得到补偿的风险相对较大，因此，公司在财务核算中本着谨慎性和一贯性的原则，对费率合同下出现差异率超过10%的情形采用更为谨慎的处理，并一直延续至该项目竣工决算。相关处理情况如下：

差异率＝(根据完工进度确认的产值

－建设方在工程结算单上确认的完工产值)

/根据完工进度确认的产值

（1）当差异率小于（含）10%时（包括少数差异率为负的情况），继续按确定的完工进度计算并确认合同收入、合同费用。

（2）当差异率大于 10% 时，分别按以下情况进行核算。

1）总价合同。该类合同在合同中明确约定工程总造价，如有种植、假山、小品、设计变更等情况，在施工期间该部分产值有时会被建设方滞后确认，即此类合同在施工期内出现建设方确认的完工产值较实际完成产值低的情况，由于投标预算及合同总价款的约定，滞后确认的产值会在后期产值中确认。因此，此种情况不存在结算风险。同时，该类合同施工图纸较完善，在发生和预计工作量变更时，经由监理和建设方确认后，即可重新计算出新的工程总造价和工程预计总成本。因此，公司仍按照实际发生的合同成本计算完工百分比以确认合同收入、合同费用。

2）费率合同。当费率合同首次差异率大于 10% 时，根据建设方是否确认完工产值又分为以下两种情况：

①建设方确认完工产值。当首次差异率大于 10% 时，基于谨慎性原则，按建设方在工程结算单上确认的完工产值确认合同收入，方法如下：

A. 完工进度的确定方法

完工进度 = 建设方在工程结算单上确认的累计工程量造价 / 合同预计总造价

B. 完工进度的应用

确定完工进度后，根据以下方法确认合同收入和合同费用：

当期确认的合同收入 = 建设方在工程结算单上确认的累计工程量造价 − 以前会计期间累计已确认的收入；当期确认的合同费用 = 合同预计总成本 × 完工进度 − 以前会计期间累计已确认的费用；当期确认的合同毛利 = 当期确认的合同收入 − 当期确认的合同费用。

对于当期完成的建造合同，应当按照监理及业主累计已确认工程量造价扣除以前会计期间累计已确认收入后的金额，确认为当期合同收入；同时，按照累计确认的合同费用扣除以前会计期间累计已确认费用后的金额，确认为当期合同费用。

②建设方不确认完工产值。按照企业会计准则的规定，公司对建造合同

结果不能可靠估计的，如合同成本能够收回的，合同收入根据能够收回的实际合同成本予以确认，合同成本在其发生的当期确认为合同费用；合同成本不可能收回的，在发生时立即确认为合同费用，不确认合同收入。

3.3.2　铁汉生态

1. 案例公司相关背景

铁汉生态全称“深圳市铁汉生态环境股份有限公司”，是创业板上市公司，股票代码“300197”。铁汉生态于2010年12月公布《首次公开发行股票并在创业板上市招股说明书》(申报稿)，2011年3月成功发行股票并上市。

公司主营业务为生态环境建设工程施工，同时还从事与主营业务相关的技术研发、苗木培育、工程设计等其他业务。

2. 建造合同收入确认方法

招股说明书披露的建造合同类型以及收入的确认方法如下：

（1）《企业会计准则》相关规定。公司依据《企业会计准则第15号——建造合同》，按完工百分比法确认收入。依据《企业会计准则第15号——建造合同》第二十三条，在资产负债表日，应当按照合同总收入乘以完工进度扣除以前会计期间累计已确认收入后的金额，确认为当期合同收入；同时，按照合同预计总成本乘以完工进度扣除以前会计期间累计已确认费用后的金额，确认为当期合同费用。

公司在确定建造合同的收入时，在建造结果能够可靠估计时，根据完工百分比法在资产负债表日确认合同收入。计算公式为：当期确认的合同收入 =（合同总收入 × 完工进度）－以前会计年度累计已确认的收入；当期确认的合同毛利 =（合同总收入 － 合同预计总成本）× 完工进度 － 以前会计年度累计已确认的毛利；当期确认的合同费用 = 当期确认的合同收入 － 当期确认的合同毛利 － 以前会计年度的预计损失准备。建造合同的结果不能可靠估计的，应当分别按下列情况处理：①合同成本能够收回的，合同收入根据能够收回的实际合同成本予以确认，合同成本在其发生的当期确认为合同费用；②合同成本不可能收回的，在发生时立即确认为合同费用，不确认合同收入。

依据《企业会计准则第 15 号——建造合同》第二十一条，企业确定合同完工进度可以选用下列方法：

1）累计实际发生的合同成本占合同预计总成本的比例。

2）已经完成的合同工作量占合同预计总工作量的比例。

3）实际测定的完工进度。

（2）公司完工百分比的确认依据。公司主要采用以上第一种方法确定合同完工进度，在无法根据第一种方法确定合同完工进度时，采用第二种方法。第一种方法是确定合同完工进度比较常用的方法。

计算公式为：完工百分比 = 累计实际发生的合同成本 / 合同预计总成本 ×100%。

1）合同预计总成本的确认依据。

①内部信息。

A. 预算部会同工程部、采购部、财务部编制的工程量清单；

B. 采购部编制的材料市场价格信息、合约部编制的劳动力市场价格信息报告；

C. 财务部编制的工程管理费参考费率预算表；

D. 预算部根据工程设计图、工程量清单、材料市场价格信息、劳动力市场价格信息报告以及参考费率预算表制作的合同预计总成本报告；

E. 预算部会同工程部、财务部对未完工部分工程量及相应成本进行测试后制作的合同预计成本调整报告。

②外部信息。

A. 发包方提供的工程设计图；

B. 经发包方确认的项目工程量清单；

C. 合同中规定与造价相关的条款，包括变更、签证、结算、索赔、罚款等条款。

2）累计实际发生的合同成本的确认依据。

①内部信息。

A. 财务部编制的期末累计实际已发生成本统计表；

B. 项目部编制的工程月进度总表；

C. 项目部编制的工程材料进、出、存清单；

D. 工程部编制的监理确认完工进度与财务部确认完工进度的差异说明。

②外部信息。

A. 监理工程师签字确认的完工进度表；

B. 经发包方确认的工程进度审批表。

3.3.3　案例评析

1. 成本进度是完工百分比的基础方法

蒙草抗旱采用了成本进度（累计实际发生的合同成本占合同预计总成本的比例）和产值进度（建设方在工程结算单上确认的累计工程量造价 / 合同预计总造价）两种完工百分比确认方法，但产值进度只是在差异率大于 10% 的费率合同中才运用；铁汉生态主要采用第一种方法（成本进度）确定合同完工进度，在无法根据第一种方法确定合同完工进度时，采用第二种方法（工作量进度）。

在两个案例中，均是以成本进度作为完工百分比的基础方法，这与两方面有关，一是成本进度具有最好的配比性；二是产值进度和工作量进度来自业主或监理方，在实务中由于施工方的弱势地位，并不是都能够及时取得。蒙草抗旱招股说明书中也提到“2008 年和 2009 年，由于部分项目受建设方及监理未及时对所申报的已完工工程量进行确认，导致当年的原始财务报表中少确认了应收账款和存货 – 工程结算，多确认了预收账款，该等报表项目余额未能真实反映公司的实际情况”，这正是产值进度遇到的困难。

2. 外部工程进度体现客观性

蒙草抗旱将“经监理审核后由建设方确认”的产值进度与成本进度进行

比较，并计算两个进度之间的差异率，原因是成本进度是内部证据生成的内部进度，缺乏可控性，所以以具备客观性的外部进度来验证成本进度的可靠性。

铁汉生态强调取得外部信息，包括“监理工程师签字确认的完工进度表”和“经发包方确认的工程进度审批表”，并编制“监理确认完工进度与财务部确认完工进度的差异说明”，目的也是以具备客观性的外部进度来验证成本进度的可靠性。

3. 外部工程进度也是完工百分比的一种可能选择

蒙草抗旱在“差异率大于 10% 的费率合同”中直接放弃了成本进度，而采用更具有可控性的产值进度，原因是认为“若是在费率合同下且差异较大，因无固定的造价总额，工程价款的计算基础是根据经监理及建设方认可的实际完成工作量按照定额标准来进行确定的，不被建设方确认的已施工产值不能得到补偿的风险相对较大”。由此，不采用可控性较弱的成本进度，而以外部的工程进度直接作为完工百分比，也是一种可行的选择。但这种选择的前提条件是外部对工程进度的验收是逐期进行的，且在时间上是及时的，在结果上是可靠的。

3.4　佳创视讯：两次变更开发支出处理方法㊀

3.4.1　案例公司相关背景

佳创视讯全称“深圳市佳创视讯技术股份有限公司”，是创业板上市公司，股票代码“300264”。佳创视讯曾经两次向证监会递交上市申请：2009 年 12 月，公司第一次公布《首次公开发行股票并在创业板上市招股说明书》（申报稿），结果被创业板发审委否决；2011 年 7 月，第二次公布《首次公开

㊀ 本节相关表述和分析所依据的资料来源于佳创视讯第一次申报稿招股说明书和第二次申报稿招股说明书以及 2012 年审计报告。第一次申报稿招股说明书和第二次申报稿招股说明书均来源于中国证监会网站 www.csrc.gov.cn；2012 年审计报告来源于深圳证券交易所网站 www.szse.cn。

发行股票并在创业板上市招股说明书》（申报稿），最终通过审核于 2011 年 9 月成功发行股票并上市。

公司是专业的数字电视系统解决方案提供商，主要从事数字电视软硬件产品的研发、生产、销售和系统集成，能够满足广电运营商对基础数模转换业务、增值业务及“三网融合”业务等整体解决方案的需求。

3.4.2　开发支出处理的两次变更

2009 年第一次申报时，公司将研发项目的开发支出进行了资本化处理；2011 年第二次申报时，开发支出全部做费用化处理，即开发支出的处理方法变生了变更；2012 年年度报告中，公司开发支出再次进行资本化处理，即开发支出的处理方法发生了第二次变更。

1. 2009 年申报的开发支出处理

根据 2009 年第一次申报稿招股说明书，公司 2007 年、2008 年和 2009 年 1 ～ 9 月的开发支出资本化金额分别为 427.80 万元、725.64 万元、466.29 万元。

开发支出的具体项目如表 3-4 所示。

在招股说明书中，发行人会计师对研发费用发表了明确意见，认为：发行人研发费用的会计处理符合《企业会计准则》第八条、第九条及应用指南和 2008 年解释的相关规定，发行人研发费用的会计处理于 2007 年 1 月 1 日至 2009 年 9 月 30 日一贯执行，符合一贯性原则。

2. 2011 年申报的开发支出处理

根据 2011 年第二次申报稿招股说明书，报告期内，公司基于谨慎性原则将研发支出全部计入管理费用，未进行资本化。报告期内公司不断加大研发投入，研发费用持续增长，分别为 1 073.50 万元、1 162.81 万元、1 329.15 万元和 739.45 万元，占公司管理费用的比重分别为 67.53%、55.21%、62.59% 和 67.01%。

表　3-4　（单位：万元）

项目	2009 年 1 ～ 9 月	2008 年	2007 年
一、佳创地面数字电视融合业务支撑平台开发及产业化项目（6 个项目）	100.34	220	
地面数字电视 EPG 项目	9.25	10.4	
地面数字电视数据广播项目	13.3	25.33	
地面数字电视股票信息项目	9.07	25.05	
地面数字电视硬盘播发项目	5.23	25.05	
地面数字电视机顶盒硬件项目	7.36	61.76	
地面数字电视机顶盒软件项目	56.13	72.43	
二、佳创地面数字电视增值业务应用平台产业化项目（5 个项目）	58.17	167.61	78.88
VOD 时移系统 V2.0 项目	17.47	79.01	
VOD 时移系统 V2.2 项目	20.26		
媒资用户管理系统项目	20.45	4.35	
佳创 VOD 系统项目		18.38	66.58
时移系统 V1.0 项目		65.87	12.29
三、佳创数字电视中间件平台项目（2 个项目）	77.98	110.03	73.15
佳创中间件 V1.0 项目	60.52	110.03	73.15
佳创中间件证券信息分析软件 V2.0 项目	17.46		
四、佳创数字媒体终端产品项目（1 个项目）	63.11	112.9	
ST7109 高清机顶盒项目	63.11	112.9	
五、其他开发项目（15 个项目）	166.69	115.1	275.58
多媒体数字电视一体化平台项目	30.78		
佳创嵌入式浏览器 V2.0	1.5	42.06	15.57
澳门高清 VOD 项目	47.8		
HDTV 高清电视一体化平台项目	81.08		
数字电视系统多语言国际化版本	5.53	19.52	
EPG 系统软件 V5.5 项目			5.19
多媒体 V4.0 项目			15.95
佳创数据广播 V4.5 项目		37.41	30.17
股票 V4.0 项目			15.95
佳创 DVB 数字电视一体化平台项目			22.73
ST5105 项目			62.75
CMSV2.0 项目			68.9
佳创视频点播系统 V1.0			38.57
佳创数据广播终端软件 V4.0 项目		14.4	
其他		1.7	
合计	466.29	725.64	427.80

在招股说明书中，发行人会计师对研发费用亦发表了明确核查意见，认为：佳创视讯研发费用的会计处理符合《企业会计准则》的相关规定，在重大方面公允地反映了佳创视讯的研发费用情况，2008 年 1 月 1 日至 2010 年 12 月 31 日一贯执行，符合一贯性原则。

3. 2012 年申报的开发支出处理

根据《2012 年度财务报表与审计报告》，公司 2012 年度研究开发项目支出总额合计 2 695.32 万元，其中，计入研究阶段的支出金额为 2 127.18 万元，计入开发阶段的金额为 568.14 万。本期开发支出占本期研究开发项目支出总额的比例为 21.08%。

具体资本化项目如表 3-5 所示。

表　3-5　（单位：万元）

项目	2012 年资本化
省网互动点播电视平台项目	70.35
高清视频点播系统 Click 软件项目	50.30
数字电视前端业务 IP 输出平台项目	99.08
多媒体业务平台（MMSP）项目	28.02
Portal- 统一门户接入平台项目	25.66
OS 流媒体服务器系统项目	4.42
数字电视差分式升级系统项目	11.79
海思平台智能操作系统项目	19.67
OTT 客户端软件项目	22.21
数字电视智能操作系统研发及产业化项目	236.64
合计	568.14

3.4.3　案例评析

1. 对第一次变更的分析

在第一次和第二次招股说明书中，开发支出的处理方法截然不同，但会计师都发表了同样的正面意见，显然在审核过程中，公司和中介机构接受了发行审核部门的指导或要求，否则后一次招股说明书不会对前一次已披露的方法和数据进行颠覆。第一次被否决，开发支出资本化处理显然是一个减分项，而改为费用化处理，则在第二次审核中至少不会让资本化处理成为一个障碍。

资本化过程本身缺乏可控性，开发项目是否属于新技术、如何划分研究和开发阶段、是否满足资本化的条件以及项目费用的归集等，主要依赖于公司内部控制形成的内部证据，而往往缺少外部证据的支持。在 IPO 过程中，开发支出的资本化处理宜于操纵利润，而费用化处理则更具有可控性。

（1）是否属于新技术、新产品。在 2009 年版本中，列示的具体开发项目多达 29 个，单个项目的支出较小，且从名称上看，存在较多的同类项目的版本升级，所以，相关项目是否能够“生产出新的或具有实质性改进的材料、装置、产品等”，直观上存在一定的疑问。

（2）不资本化影响成长性。在 2009 年版本中，各期资本化比例（开发支出资本化金额占研发总费用的比例）如表 3-6 所示。

表　3-6

项目	2009 年 1 ～ 9 月	2008 年	2007 年
当期资本化金额（万元）	466.29	725.64	427.80
当期研发费用合计（万元）	858.65	1 077.31	886.92
资本化比例（%）	54.31	67.36	48.23

为保持产品的持续领先，一个技术型公司应保持研究项目和开发项目的合理比重。从已有的开发支出处理案例看，50% 以上的资本化比例是相对偏高的。

不进行资本化处理的公司业绩对比如表 3-7 所示。

表　3-7　（单位：万元）

项目	2009 年 1 ～ 9 月	2008 年	2007 年
净利润（扣非后）	1 890.61	2 127.29	1 730.03
当期资本化	466.29	725.64	427.80
资本化影响税后净利润	396.35	616.79	363.63
净利润（假定不资本化）	1 494.26	1 510.50	1 366.40

从数据上看，在资本化条件下，2008年较2007年增长23%，但如果不资本化，增长率则下降为10%。创业板强调报告期内的成长性，尽管不能判定公司存在操纵利润，但开发支出资本化客观上美化了成长性指标。

2. 对第二次变更的分析

从会计政策上看，研发费用的处理自始至终都要遵循会计准则的要求，至于资本化或费用化的选择，更应该理解为会计方法谨慎程度的变化。具体涉及三个方面，一是对项目是否属于实质性新技术、新产品的判断；二是研究阶段和开发阶段区分时点的判断；三是开发阶段是否满足5项资本化条件的判断。

在2011年招股说明书中，只是基于谨慎性原则未进行资本化，2012年度具体的研发项目与之前的各方面也没有明显区别，只是上市前后对谨慎性的运用出现了变化，且对于已上市公司，开发支出进行资本化处理也是通行的做法。

公司2012年净利润为1 132.31万元，较2011年的4 218.55万元大幅下降73%，如果仍然进行费用化处理，则2012年净利润会进一步下降为748万元。防止报表利润的进一步下降，或许才是恢复资本化处理的本质原因，从结果上看，资本化比例为21.08%，相对保守，或许这也是会计师重新接受资本化的原因。

3. IPO会计方法的选择

佳创视讯两次变更开发支出方法，本质上是由于开发支出的处理方法存在可选择性。IPO公司和上市公司对处理方法的选择是有所不同的，IPO阶段，站在审核中防范利润操纵的角度，需要更可控的会计方法，所以尽可能不进行资本化处理。而上市之后，更能够在准则允许的范畴内，适度地运用会计方法进行业绩规划。

3.5 冠昊生物：两次申报的开发支出差异[⊖]

3.5.1 案例公司相关背景

冠昊生物全称“广东冠昊生物科技股份有限公司”，是创业板上市公司，股票代码“300238”。冠昊生物曾经两次向证监会递交 IPO 申请：2010 年 3 月，公司第一次公布《首次公开发行股票并在创业板上市招股说明书》（申报稿），但未能通过创业板发审委审核；2011 年 5 月，公司第二次公布《首次公开发行股票并在创业板上市招股说明书》（申报稿），最终通过审核于 2011 年 6 月成功发行股票并上市。

主营业务：冠昊生物是一家专业从事再生医学材料及再生型医用植入器械研发、生产及销售的高科技企业。多年来，公司在自主创新的再生医学材料平台上，始终致力于开发可替代、可修复人类组织与器官的再生型医用植入器械产品。历经十多年艰苦的自主研发，在代表医用植入器械产业发展方向的再生医学材料和再生型医用植入器械领域取得重大突破，开发出一系列以动物组织为原料的新一代生物材料。公司具有已具备世界先进水平的原创技术体系和再生医学材料平台，并利用该类材料开发出一系列创新的再生型医用植入器械产品。

3.5.2 两次申报的开发支出差异

1. 2010 年版本的开发支出相关情况

（1）资本化金额。报告期内的资本化金额及比例如表 3-8 所示。

（2）研发费用的相关会计政策。公司研发项目阶段划分为研究阶段和开发阶段。

⊖ 本节相关表述和分析所依据的资料来源于冠昊生物第一次申报稿招股说明书和第二次申报稿招股说明书。第一次申报稿招股说明书和第二次申报稿招股说明书均来源于中国证监会网站 www.csrc.gov.cn。

表　3-8

研发费用	2009 年	2008 年	2007 年
资本化（万元）	2 261.99	1 224.47	419.83
费用化（万元）	452.18	201.79	371.52
研发费用合计（万元）	2 714.17	1 426.26	791.35
资本化比例（%）	83.34	85.85	53.05

1）研究阶段。此阶段包括新型材料及技术的研究、市场调研、产品试制及安全、有效的可行性动物实验，各项工作都是为了产品后续开发活动进行的前期技术准备。

2）开发阶段。此阶段包括产品的注册检验（工业化制作及标准制定、产品型式检验）、临床试验（临床试验、产品有效性及转归验证的动物实验）和申报注册。

产品可行性动物实验是公司进行产品标准制定的重要依据之一，在原产品研制的基础上，完成产品标准制定，并根据产品标准按照工业化制作程序制作出供注册检验用的产品，该产品送国家药监局的检测中心检验，达到产品标准要求，并获得合格的注册《检验报告》。公司后续开发项目基于脑膜建、胸膜建和护创膜同一材料平台和产业化成功经验，后续产品在产品的工业化制作及标准制定、注册检验阶段具有较大的确定性。

在产品有效性与转归验证的动物实验和临床试验前，发行人已完成产品安全性、有效性初步验证和标准制定，并且发行人此刻有 3 个产品的有效性与转归验证动物实验部分结果可为开发产品共享，故具有较大的确定性。

会计师经核查认为，发行人的无形资产及研发支出核算符合《企业会计准则》规定，真实合理，符合谨慎性原则和发行人的实际经营情况。

（3）招股说明书披露了开发支出风险。招股说明书风险提示：公司历年的开发支出较大，截至 2009 年 12 月 31 日，公司开发支出余额为 3 315.46 万元，占总资产的比例为 21.22%。为尽快推出后续产品，确保公司持续、高速发展，未来公司将依托“再生型医用植入器械国家工程实验室”，继续加大技术研究、新产品的开发，公司的开发支出将进一步增加。若产品开发不成功，与该产品相关的开发支出将计入当期损益，将对当期经营业绩造成一定的影响。

2. 2011 年版本的开发支出相关情况

（1）对上一版本的开发支出进行了变更。招股说明书“主要会计政策、会计估计的变更及会计差错更正”中披露：为了进一步加强研发费用在各主要研究阶段的归集和核算，同时建立健全各研发项目在各个阶段的风险评估机制，谨慎确定各研发项目研发费用的资本化时点，经公司第一届董事会第十六次会议审议，公司修改了《财务管理制度》，将各研发项目研发费用的资本化时点从产品注册检验阶段的产品标准制定阶段调整为开始注册临床试验阶段，并进行了追溯调整。调整影响 2008 年年初净资产 −60.73 万元，2008 年年末净资产 −783.58 万元，2008 年度净利润 −722.85 万元；影响 2009 年年末净资产 −2 034.97 万元，2009 年度净利润 −1 251.39 万元。

2008 年和 2009 年，调整前后的净利润如表 3-9 所示。

表　3-9

项目	2009 年	2008 年
净利润（万元）	2 693.07	1 432.89
调整后净利润（万元）	1 441.69	709.48
下降比例（%）	46.47	50.49

（2）变更后的资本化金额。报告期内资本化金额及比例如表 3-10 所示。

表　3-10

研发费用	2010 年	2009 年	2008 年
资本化（万元）	169.95	249.94	91.45
费用化（万元）	1 769.60	2 471.12	1 429.20
研发费用合计（万元）	1 939.55	2 721.06	1 520.65
资本化比例（%）	8.76	9.19	6.01

（3）变更后的研发费用相关会计政策。企业内部研究开发项目的支出，分为研究阶段支出与开发阶段支出。

1）研究阶段支出指对技术的研究，即针对动物组织处理的系列技术（组织固定技术、多方位除抗原技术、组织诱导技术、蛋白质力学改性技术等）的研究，对材料免疫和病毒的研究，为获取并理解新的科学或技术知识而进行的独创性的有计划调查（含市场研究），以及产品设计及试制、可行性动物实验注册检验（工业化制作、产品标准的制定、产品型式检验）、预临床试验（包括临床试验、产品有效性与转归验证的动物实验）等所发生的应用研究、评价、最终选择的支出，均属于研究阶段的支出。

2）开发阶段支出指已有的材料技术平台和已完成研究阶段的工作，在很大程度上具备了形成一项新产品或新技术的基本条件，在进行商业性生产或使用前，进行各种产品的注册临床试验和申报注册活动的支出，均属于开发阶段的支出。

财务部根据公司制定的《研究开发制度》，对已达到开发阶段的项目支出予以资本化，开发阶段的书面资料表现为取得第一例临床开展的注册通知书及 CRF 表（病例报告表）封面复印件。

3.5.3　案例评析

1. 原创产品研发费用具备资本化基础

制药公司的原创技术和产品，在研发方面具有投入大、周期长、风险高的特点，产品一旦研发成功，则很有可能带来持续的超额收益。公司具有“已具备世界先进水平的原创技术体系和再生医学材料平台，并利用该类材料开发出了一系列创新的再生型医用植入器械产品”，所以，资本化处理有其显著的基础及合理性。

开发支出处理方法的变更，导致相同年度的净利润在前后招股说明书中变化很大。2009 年度是第一次招股说明书的最后完整会计年度，其按第二次招股说明书中计算的业绩仅为 1 441 万元，利润薄，审核风险大。第二次的开发支出处理方法十分保守，显然公司和中介机构在审核过程中接受了发行审核部门的指导或要求。

2. 两个版本资本化的变化

（1）开始资本化时点的变化。在第一次招股说明书中，重点论述开发支出的“确定性”，并提示了由此带来的风险。具体来讲，是在开始资本化的“产品注册检验阶段”即判断产品能够成功商品化具有很大的确定性。在后一版招股说明书中，“将各研发项目研发费用的资本化时点从产品注册检验阶段的产品标准制定阶段调整为开始注册临床试验阶段，并进行了追溯调整”。

再看“确定性”的证据，第一版开始资本化时只有公司的内部立项，在产品注册检验阶段会产生国家药监局的《检测报告》。第二版资本化开始需要“取得第一例临床开展的注册通知书及 CRF 表（病例报告表）封面复印件”，即外部证据更具有客观性。

（2）对利润表的影响。前后两种资本化处理，对利润表影响很大，从审核角度看，后一种处理更能夯实业绩基础。

（3）变更的性质是差错更正。进入开发阶段时点不等同于开始资本化时点，进入开发阶段，应根据对产品可行性的判断，确定开始资本化的时点，这个判断属于会计估计的范畴。但前后招股说明书中，对研究阶段和开发阶段的划分发生了变化，即可以理解为前一次关于研发阶段的划分出现了错误，并由此导致了会计处理的差错。故尽管第二次招股说明书“主要会计政策、会计估计的变更及会计差错更正”中并没有明确是哪一种性质的变更，但同一准则下会计政策不应变更，会计估计变更则不应进行追溯，所以该变更只可能属于差错更正。

3. IPO 需要更好的可控性

在冠昊生物的案例中，开发支出方法的变化体现在开始资本化时点的确定上。外部证据能够更好地证明研发产品带来商业利益的可能性，从 IPO 审核的角度，明显更具有可控性，更能够减少利润操纵的可能性。

3.6　湘鄂情：变更装修费的摊销方法[⊖]

3.6.1　案例公司相关背景

湘鄂情全称“北京湘鄂情股份有限公司”，是深圳中小板上市公司，股票代码“002306”。湘鄂情于 2009 年 11 月成功发行股票并上市，是 A 股第一家民营餐饮类上市公司。

主营业务：公司提供融湘鄂情特色菜品与湘鄂情特色服务为一体的餐饮服务，主要面对中高端公务、商务宴请并兼顾家庭消费群体。公司在北京及部分省会城市的中高端公务、商务餐饮及家庭餐饮市场占有重要地位。

3.6.2　变更装修费的摊销方法

2013 年 3 月，湘鄂情发布《关于变更会计估计的公告》，主要内容如下：

1. 变更原因

在目前公司的酒楼业务中，大部分门店因装修支出形成的长期待摊费用已经超过 5 年受益期，并且能良好使用。为了客观反映公司财务状况，结合公司业务实际，公司将按受益期进行长期待摊费用的分期直线摊销办法调整摊销年限。

2. 变更内容

（1）变更前采用的会计估计：本公司长期待摊费用主要系租入固定资产的装修改造支出，均自装修改造完成之日起，按 5 年进行直线摊销。

（2）变更后采用的会计估计：自有物业门店按 10 年摊销；在租赁物业门店中，租赁时间不少于 10 年的，按 10 年进行摊销；租赁时间少于 10 年的，按租赁时间的年数进行摊销。

3. 变更影响

根据《企业会计准则第 28 号：会计政策、会计估计变更和差错更正》

⊖ 本节引用的湘鄂情公告，均来源于深圳证券交易所网站 www.szse.cn。

及相关的规定，公司对上述会计估计变更采用未来适用法处理，不涉及公司业务范围，无须追溯调整，对公司以往各年度财务状况和经营成果不会产生影响。本次会计估计变更预计会增加 2013 年度净利润 3 700 万元。

3.6.3　案例评析

在准则范畴之内，管理层对会计估计的选择或变更享有一定的自由裁量权，但由于变更估计与操纵利润之间存在着天然联系，所以应当非常慎重，一般在两种情况下可以选择变更：一种情况是原估计已明显不适应新的估计基础；另一种情况是变更后的估计更稳健。由于变更动机和监管目的的不同，上市公司和 IPO 公司对于自由裁量权的运用客观上也存在一些差异。

以下就从会计估计变更本身和不同主体的运用两个方面来分析湘鄂情的本次变更。

1. 会计估计变更本身是否适当

湘鄂情站在当前基础上，认为门店装修原估计的 5 年受益期不够公允，所以结合业务实际，延长了受益期，以便更客观反映财务状况。但客观地说，门店装修完成后，距下一次装修期是 5 年还是 10 年，除与装修档次和装修质量有关外，还与不同门店的使用情况和经营业绩的好坏有很大关系。所以，受益年限难以有一个固定的标准，只能是一个整体的综合性估计。

要评估摊销年限的适当性，应该着重于和同行业标准的比较。表 3-11 显示的是主营高档酒楼的同行业上市公司的摊销方法。

表　3-11

股票代码	简称	摊销方法	受益期	实际摊销年限
002186.sz	全聚德	受益期内直线	按预计受益期限 5 年平均摊销	5
3666.HK	小南国	受益期内直线	以租赁期估计可使用期（两者较短者）	9
1181.HK	唐宫	受益期内直线	租赁期限或 5 年（以较短者为准）	5
002306.sz	湘鄂情（变更前）	受益期内直线	按预计受益期限 5 年平均摊销	5
002306.sz	湘鄂情（变更后）	受益期内直线	租赁期限或 10 年（以较短者为准）	9.48

（1）全聚德（002186.sz）。查阅其2012年年度报告[1]中披露的会计政策，固定资产装修按5年进行直线法摊销，不保留残值；长期待摊费用按实际成本计价，并按预计受益期限平均摊销。

尽管全聚德没有明确长期待摊费用的具体受益期，但租房与自有房屋的装修并无区别，可以推测其按5年进行摊销。

（2）小南国（3666.HK）。查阅其2012年年度报告[2]中披露的会计政策，以租赁期和估计可使用期两者较短者来确定受益期，但没有明确披露可使用期的年限。

通过附注数据，可以测算小南国的装修摊销年限约为9年。过程如下：先计算“装修平均原值＝（期初装修原值＋期末装修原值）/2”，再计算“平均摊销年限＝装修平均原值 / 当年摊销额”。

（3）唐宫（1181.HK）。查阅其2012年年度报告[3]中披露的会计政策，摊销期是租赁期限或5年（以较短者为准）。但考虑到正常高档酒楼，预期的正常经营年限不可能低于5年，所以可以推测其按5年进行摊销。

（4）湘鄂情（002306.sz）。根据湘鄂情公告的变更估计的具体内容，以其披露的全部25家门店的实际摊销期进行加权平均，平均年限为9.48年。

综上所述，湘鄂情变更前在行业中属于主流的“稳健派”，变更后成了“激进派”，但变更后的年限尚未大幅突破行业上限，所以变更在准则范畴内是可行的。

2. 上市公司和IPO公司对会计估计的不同运用

对于湘鄂情，在原方法是行业更为主流方法的情况下，丢掉“稳健性”的原因是什么呢？2013年7月，湘鄂情发布《关于重大经营环境变化公告》：中央出台“八项规定”“六项禁令”以来，公司酒楼餐饮业务收入出现大幅下降，2013年一季度，公司营业收入比上年同期下降三成，亏损近7 000万元

---

[1] 全聚德年度报告来源于深圳证券交易所网站 www.szse.cn。

[2] 小南国年度报告来源于小南国官方网站 www.xnggroup.com。

[3] 唐宫年度报告来源于唐宫官方网站 www.tanggong.cn。

人民币。2013 年上半年预计亏损 7 000 万～ 1.2 亿元，而去年同期则实现净利润 6 800 万元。经营环境变化使得业绩由盈利转为巨额亏损，利用会计方法提升业绩，或许才是其变更估计的实际原因。

对于上市公司，在准则允许的范畴内，利用会计估计进行适度的盈余管理是可行的，也是常见的。但对于 IPO 公司，一方面是要选择客观直接的会计估计方法；另一方面要杜绝报告期内向不谨慎的方法变更，上述方面都是要增加会计方法的可控性，减少利润操纵的可能性，这才是 IPO 中更合适的方法。

本案例中的装修摊销方法，可以分为固定的“可使用年限”和变动的“以租赁期和可使用年限的较短者为准”两类。在原则上，变动的方法似乎更合理，但在实务中，高档酒楼属于长期固定投资，正常预期的运营期间不会短于 10 年，但有的合同首次签订的租赁期很短，甚至是一年一签，这种情况下，将装修费在首次合同的租赁期内摊销明显是不适当的，会导致不同主体之间业绩的不可比，也可能会带来在不同年度内操纵利润的问题。而对于固定的方法，直接客观，具有更好的可比性，也不具备利用摊销期变动进行利润操纵的条件。相比而言，按合理的固定年限摊销是更为可控的方法。

如果是 IPO 公司，装修支出选择按 5 年期进行直线法摊销，报告期内保持一贯性，才是最适当的方法。湘鄂情在 IPO 阶段也正是采用了上述可控的方法。

3.7　数码视讯和利君股份：两个不同逻辑的出资补足[⊖]

3.7.1　数码视讯

1. 案例公司相关背景

数码视讯全称“北京数码视讯科技股份有限公司”，是创业板上市公司，

⊖ 本节相关表述和分析所依据的资料来源于数码视讯申报稿招股说明书、数码视讯法律意见书、利君股份申报稿招股说明书。数码视讯申报稿招股说明书和利君股份申报稿招股说明书均来源于中国证监会网站 www.csrc.gov.cn；数码视讯法律意见书来源于深圳证券交易所网站 www.szse.cn。

股票代码“300079”。数码视讯于2010年3月公布《首次公开发行股票并在创业板上市招股说明书》(申报稿)，2010年4月成功发行股票并上市。

主营业务：公司主要从事数字电视软硬件产品的研发、生产、销售和技术服务业务，是国内领先的数字电视软件及系统提供商、数字电视整体解决方案提供商。公司主要产品包括数字电视条件接收系统（CA系统)、数字电视前端设备等，其中数字电视前端设备包括编码器、解码器、复用器、调制器、加扰器、适配器等；基于公司齐全的产品线、自主研发和持续的技术创新能力，公司面向数字电视运营商提供数字电视整体解决方案。

2. 以非专利技术增资470万的问题

根据招股说明书，2004年6月，股东张刚以非专利技术“数字电视编、解码技术”向数码有限（数码视讯的有限公司阶段）无偿增资470万元。本次增资后，公司注册资本增加至1 300万元。

（1）审核中的关注要点。上述无形资产增资事项，在审核中受到证监会的高度关注，根据公司发行股票时披露的《法律意见书》，反馈意见中专门论述了该出资问题。

反馈意见题目：请发行人说明作为出资的“数字电视编、解码器技术”是否属于职务作品，取得是否合法，此次出资是否真实有效，是否构成出资不实，是否属于重大违法，是否构成本次发行上市的障碍。

律师反馈的论述要点如下：

1）作为出资的非专利技术“数字电视编、解码器技术”为张刚的个人技术成果，不属于职务作品。

张刚对该技术进行研究非其本职工作、非执行数码有限（北京数码视讯科技有限公司的简称，数码视讯的前身）整体变更前所交付的任务，也没有利用数码有限的相关物质技术条件，该技术为张刚的个人技术成果。

2）张刚取得该项非专利技术所有权的程序合法有效，该非专利技术为张刚合法所有。

张刚于 2004 年 5 月 13 日向数码有限提出申请，主张该非专利技术应为其个人技术。数码有限全体股东于 2004 年 6 月 24 日签订《高新技术成果说明书及确认书》，一致同意确认该非专利技术为张刚所有。

3）此次增资真实有效，不构成出资不实，不属于重大违法，不构成本次发行上市的障碍。

根据数码有限于 2004 年 6 月 24 日通过的股东会以及于同日签订的《高新技术成果说明书及确认书》，数码有限全体股东同意张刚以其非专利技术作为高新技术成果对公司进行增资。同日，北京中育正资产评估有限公司出具京中评报字（2004）第 A06-16 号《张刚先生“数字电视编、解码器技术”非专利技术评估报告书》评估，该非专利技术评估值为 489.27 万元，高于增资额 470 万元。

根据张刚与数码有限于 2004 年 6 月 24 日签订的《高新技术成果说明书及确认书》以及《财产转移协议书》，张刚以该非专利技术对数码有限进行增资，并完成了产权交割手续。北京正大会计师事务所于 2004 年 6 月 24 日出具正大审字（2004）第 B0070 号《审计报告》，确认作为出资的非专利技术已完成转移手续。

北京市工商局于 2004 年 6 月 25 日为公司换发了新的《企业法人营业执照》。增资后，公司使用该非专利技术产生了良好的经济效益。

（2）出资的瑕疵及解决方案。同时，律师也认为本次增资用的非专利技术未申请出资入股高新技术成果认定，存在一定的问题。公司的解决方案为：

1）鉴于此次增资没有按照当时国家科技部和国家工商总局的相关规定对出资技术进行认定，数码视讯向北京市海淀区科学技术委员会补充提出高新技术成果审查认定申请，北京市海淀区科学技术委员会于 2008 年 3 月 4 日出具了《出资入股高新技术成果认定书》，认定“张刚于 2004 年 6 月 24 日向数码视讯增资 470 万元的非专利技术数字电视编、解码器技术为出资入股高新技术成果”。

2）2009 年 6 月 30 日，数码视讯现有股东按持股比例以现金方式向发行人增加股东投入 470 万元，计入资本公积。

（3）出资补足相关的会计处理。2009 年 6 月 30 日，数码视讯股东按股权比例以现金方式向发行人增加股东投入 470 万元，计入资本公积，同时银行存款相应增加 470 万元。具体会计分录如下：

借：银行存款　　　　　　　　　　470 万元

　贷：资本公积　　　　　　　　　　　　470 万元

根据招股说明书披露的三年财务报告，无形资产附注中存在上述投入的 489.27 万元的专利技术，且在正常摊销过程中，即可以推断公司并未对无形资产做任何处理。

3.7.2 利君股份

1. 案例公司相关背景

利君股份全称“成都利君实业股份有限公司”，是深圳中小板上市公司，股票代码“002651”。利君股份于 2011 年 10 月公布《首次公开发行股票招股说明书》(申报稿)，2011 年 12 月成功发行股票并上市。

主营业务：公司主要为水泥粉磨系统提供配套设备选粉机，一直专注于高效、节能、环保的辊压机及其配套设备的研发、制造和销售，致力于为水泥、矿山等生产领域提供粉磨系统的最佳解决方案。

2. 以专利技术增资 200 万的问题

（1）增资的过程。2004 年 3 月 20 日，经利君有限（成都利君实业有限责任公司的简称，利君公司前身）股东会决议通过，利君有限注册资本增加 200 万元，增至 1 200 万元，其中何亚民增资 160 万元，魏勇增资 40 万元。增资方式为何亚民与魏勇以其拥有的证书号为第 598458 号的实用新型专利“V 型选粉机”（专利号 ZL03232784.6）出资，该专利经四川武兴资产评估有限公司出具的“川武评 [2004] 第 19 号”无形资产评估报告书评估，评估价值为 953 万元。四川正信会计师事务所有限公司对本次出资出具了“川正会验字【2004】037 号”验资报告，其中 200 万元作为注册资本，753 万元计入资本公积。

2004 年 4 月 16 日，本次出资的专利权在国家知识产权局完成了专利权人变更登记。本次股权变更已于 2004 年 6 月 14 日完成工商变更登记。

（2）出资的瑕疵及解决方案。何亚民和魏勇虽是本次用以出资专利的专利权人，但考虑到该专利权与利君有限当时的主营业务相关，且何亚民和魏勇在利君有限任职，因此该专利存在职务发明的可能。

为规范股东出资行为并维护公司利益，2008 年 11 月 17 日经公司股东会决议通过，何亚民与魏勇以货币资金 200 万元补足前述出资，并于 2008 年 12 月 16 日将货币资金划入公司账户，也相应将原已记入公司资本公积的 753 万元进行了冲减。同时，何亚民和魏勇承诺放弃与该专利相关的所有权属。2008 年 12 月 16 日，四川同济会计师事务所有限公司对本次货币资金补足出资出具了“川正会验字【2008】020 号”验资报告，认为：截至 2008 年 12 月 16 日，贵公司已收到各股东交纳的用于置换原 200 万元无形资产出资的货币资金 200 万元。由于四川同济会计师事务所有限公司不具有从事证券业务资格，2011 年 1 月 28 日，信永中和（信永中和会计师事务所，公司的申报会计师）对公司股东的补足出资进行了验资复核，并出具了 XYZH/2010CDA5036-05 号《关于成都利君实业股份有限公司 2008 年验资专项复核报告》，认为“利君股份 2008 年以货币资金补足原无形资产出资是真实的，截至 2008 年 12 月 16 日，何亚民与魏勇出资的 200 万元货币资金全部到位”。

（3）出资补足相关会计处理。根据公司披露的三年又一期的财务报告，无形资产附注中无上述出资投入的 953 万元专利技术，资本公积附注中也不存在由于上述出资形成的资本公积 753 万元，即可以推断，公司对现金置换出资作为前期差错进行了追溯调整，即将原已入账的无形资产及相应的摊销予以冲回。

从股本附注中可以看到，2008 年年初股本为 1 200 万元，即包括上述无形资产出资的 200 万元，而不是当时实际的实收资本 1 000 万元，故可以推测未置换前的 200 万元出资应该是做了挂账处理。

3.7.3　案例评析

1. 两个案例的相同之处

在两个案例中，对无形资产出资的质疑都集中在用于出资的无形资产的产权问题上，即出资人既是股东又是公司核心技术人员，其用于出资的技术是否属于职务发明。如果属于职务发明，用于出资的技术实际属于公司，则会在本质上造成出资不实，从而构成发行上市的障碍。

在两个案例中，出资无形资产的评估作价都不存在问题，数码视讯称“增资后，公司使用该非专利技术产生了良好的经济效益”，而利君股份也称“该专利权与利君有限当时的主营业务相关”。

2. 两个案例的不同之处

（1）论证的结果不同。经过论证，数码视讯明确认为出资的非专利技术并非职务发明，没有产权问题，但承认存在非专利技术“未申请出资入股高新技术成果认定”的问题；而利君股份则最终认为“该专利存在职务发明的可能”，尽管没有明确，但实际上是承认了出资产权的问题。

（2）弥补出资的逻辑不同。尽管从结果上看，两个案例都最终用现金补足了无形资产出资，但现金补足的逻辑是不同的。数码视讯认为产权不存在问题，存在的只是程序瑕疵，故通过北京市海淀区科学技术委员会对高新技术成果的补认定弥补了该瑕疵。既然已弥补程序瑕疵，为何还要再用现金补足出资呢，只能理解为这是公司在审核过程中做出的一种姿态，彻底打消审核人员对出资不到位的顾虑。

利君股份“为规范股东出资行为并维护公司利益”，则直接以现金置换了原有的无形资产出资，置换完成之后，才能够最终认定出资全部到位。

（3）会计处理不同。数码视讯认为其无形资产出资是没有问题的，现金出资的实质并不是置换，而只能是股东捐赠，构成权益性交易，所以将新增现金出资直接计入了资本公积，同时，也没有必要对股东投入的无形资产做出调整。

利君股份以现金置换了原有的无形资产出资，即认为原无形资产是不应该存在的，在补足之前实收资本并没有到位，所以视为重要的前期差错，对报表进行了追溯调整，在补足之前，不减少实收资本，而是做了挂账处理。

3. 对案例的再思考

（1）数码视讯是否应该进行补足。现金弥补的前提是无形资产出资带来本质上的出资不实，数码视讯论证其出资技术的产权不存在问题，价值也不存在问题，在不存在出资不实的情况下，单从技术上看，再予以现金补足是没有必要的，甚至会给人“此地无银三百两”的感觉。但职务发明一向难以自证，股东做出补足的姿态或许也是一种过会策略吧。

（2）利君股份只置换实收资本是否适当。利群股份在现金置换时，只置换了原计入实收资本部分，原计入资本公积部分远大于实收资本部分，但并没有进行补足。从股东投入的角度看，原应投入的价值是 953 万元，而实际只补足 200 万元，本质上损害了公司以及其他股东的利益。所以，现金置换从道理上应置换投入资本而非仅仅实收资本。

3.8　雪迪龙：一个股份支付的设计样本㊀

3.8.1　案例公司相关背景

雪迪龙全称“北京雪迪龙科技股份有限公司”，是深圳中小板上市公司，

㊀ 本节相关表述和分析所依据的资料来源于雪迪龙申报稿招股说明书。雪迪龙申报稿招股说明书来源于中国证监会网站 www.csrc.gov.cn。

股票代码“002658”。雪迪龙于2011年12月公布《首次公开发行股票招股说明书》(申报稿)，2012年3月成功发行股票并上市。

主营业务：公司是专业从事分析仪器仪表、环境监测系统、工业过程分析系统的研发、生产、销售以及运营维护服务的高新技术企业。公司主营业务围绕环境监测和工业过程分析领域“产品+系统应用+运维服务”展开，主要产品和服务包括：红外气体分析仪、便携式烟气分析仪等各类分析仪器；烟气排放连续监测系统、环境空气质量监测系统、垃圾焚烧烟气监测系统等环境监测系统；水泥高温气体分析系统、石化化工过程分析系统、冶金过程分析系统、空分过程分析系统等工业过程分析系统；分析仪器系统改造服务、环境监测系统运营维护服务。

3.8.2　报告期内的股份支付

公司股份支付的授予日是2010年6月20日，完成授予后即以2010年6月30日为基准日进行整体改制，改制完成后2010年9月即引入PE机构。上述三个连续的资本变动，都与本次股份支付的会计处理有一定关系。

1. 与股份支付有关的三次资本变动

（1）股份支付授予。2010年6月20日，雪迪龙有限（北京雪迪龙自动控制系统有限公司的简称，雪迪龙的前身）股东会通过如下决议：公司实际控制人敖小强将其持有的公司8.35%股权（合计167万元出资额）分别转让给王凌秋、丁长江、郜武等23名公司员工。在上述受让人中，王凌秋、丁长江、郜武、赵爱学以及周家秋5名员工自公司设立之日起即在公司就职，并作为公司的核心管理人员为公司的发展做出了突出贡献，股权转让价格为1元/单位出资额；赵永怀、尚威等18名自然人股东已在公司任职超过5年，并为公司的发展做出了较大贡献，股权转让价格参考当时每单位出资额的净资产确定，为9.2元/单位出资额。上述受让员工合计支付对价为388.4万元。

上述股权转让各方均签订了相应的《股权转让协议》，并于2010年6月

30 日办理了相应的工商变更登记手续。

（2）整体变更为股份公司。2010 年 8 月，雪迪龙有限整体变更为北京雪迪龙科技股份有限公司。截至 2010 年 6 月 30 日，雪迪龙有限净资产为 18 065.88 万元，净资产评估值为 22 044.64 万元。雪迪龙有限以经审计后的净资产值为基础进行折股，即以截至 2010 年 6 月 30 日经审计的净资产值 18 065.88 万元为基数，按 1:0.544 的比例折为 10 000 万股股份，每股面值为人民币 1 元，余数计入资本公积。

（3）PE 机构的增资。2010 年 9 月 10 日，雪迪龙召开 2010 年第二次临时股东大会，通过的决议如下：

①同意公司发行新股 309.28 万股，每股面值 1 元，将公司注册资本由 10 000 万元增加至 10 309.28 万元。②同意由海岸淘金（北京海岸淘金创业投资有限公司的简称）以货币形式出资 2 100 万元认购公司的前述增资，持有公司 3% 的股份，溢价部分 1 790.72 万元进入资本公积。

2. 股份支付涉及的公司价值

（1）2010 年 6 月 30 日的净资产。根据天健正信会计师事务所出具的《审计报告》(天健正信审 [2010]NZ 字第 011282 号)，截至 2010 年 6 月 30 日，雪迪龙有限经审计的净资产为 18 065.88 万元。

（2）2010 年 6 月 30 日的评估值。2010 年 7 月，因改制上市事宜，中威正信（北京）资产评估有限公司受雪迪龙有限委托，以 2010 年 6 月 30 日为基准日对企业所有者权益价值进行了评估。2010 年 7 月 25 日，中威正信出具了“中威正信评报字 [2010]1078 号”资产评估报告书，评估结论如下：成本法下，净资产账面值为 18 065.88 万元，评估值为 22 044.64 万元，评估增值 3 978.76 万元，增值率 22.02%。

另外，本次评估同时采取了收益法进行评估，收益法评估值为 52 043.91 万元。

（3）2010 年 9 月的 PE 认购价。在本次增资时，发行人预计 2010 年净利润约为 7 000 万元，经协商，发行人对海岸淘金发行 309.28 万股，占发行后总股本的 3%；增资后总股本 10 309.28 万股，每股收益约为 0.679 元，双方协商确定按 10 倍市盈率定价，由此计算的增资价格为 6.79 元 / 股。

入股前总股本 1 亿股，可计算公司总体估值为 6.79 亿元。

3. 股份支付的会计处理

2010 年 6 月，敖小强将其持有的发行人 8.35% 的股权分别转让给王凌秋、丁长江等 5 名核心管理人员和 18 名公司骨干员工，受让方实际支付对价低于当时可参考公允价值（根据 2010 年 7 月以整体变更股份公司为目的的评估报告中收益法评估值计算的每股价格），其实质为以权益结算的涉及职工的股份支付，因此将可参考公允价值与实际支付对价的差异确认为管理费用。

股份支付形成的 2010 年管理费用为 3 957.27 万元，该费用已作为非经常性损益在非经常性损益明细表中予以扣除。

3.8.3　案例评析

股份支付对利润影响很大，确定费用的关键是股份支付公允价值的确定。雪迪龙股份支付处理最大的特点是，未按通常惯例选择近期的 PE 价格作为公允价值基础。

1. 不同的公允价值基础

在上述股份支付过程中，涉及净资产、成本法下的评估值、收益法下的评估值、PE 入股估值四个有可能选择的公允价值基础，不同基础下确认的股份支付的公允价值如表 3-12 所示。

表　3-12　（单位：万元）

不同估值方法		整体估值	授予股份的价值	支付对价	股份支付公允价值
		（1）	（2）=（1）×8.35%	（3）	（4）=（2）-（3）
净资产值		18 065.88	1 508.50	388.4	1 120.10
评估值	成本法	22 044.64	1 840.73	388.4	1 452.33
评估值	收益法	52 043.91	4 345.67	388.4	3 957.27
PE 价		67 900.00	5 669.65	388.4	5 281.25

公司选择了收益法下的评估值作为整体估值，计算的股份支付公允价值为 3 957.27 万元。

原则上，评估值和 PE 价更接近于公允价值，所以肯定不能选择净资产值。用成本法进行评估，评估范围往往只包括已记账的可辨认资产，评估价值不够完整；而收益法用预期的公司整体产生的未来现金流入进行折现，评估价值在理论上更加完整。PE 价是 PE 机构在经过全面尽职调查之后，与公司进行谈判的结果，是熟悉情况并自愿交易的各方的市场交易价格。

公允价值的运用分为三个层级：未上市公司并不存在活跃市场，即不存在第一个层级的价格；PE 价格是不存在活跃市场前提下的市场交易价格，是第二个层级的公允价值；而收益法下的评估与确定公允价值的估计技术是一致的，属于第三个层级。单从理论上说，首先应该选择第二层级的 PE 价格，其次可以选择运用估值技术的收益法价值。

2. 不选择 PE 价值的理由

在实务中，PE 入股往往存在业绩承诺，如果达不成承诺业绩或在承诺期内不能 IPO，大股东或公司很可能需要用现金或股票进行补偿或回购股票；而员工持股也往往存在一定的承诺服务期，服务期内离职，员工很可能拿不到股票收益。所以，PE 价格与员工持股价格是建立在不同的交易框架之内的，PE 价格原则上会高于员工持股价，如果差额可以量化，在实务中也可以用 PE 价格扣除一定的折扣后作为股份支付的公允价值。

确认股份支付公允价值的底限，是确保费用化后的利润不为负数，不影响 IPO 申报的财务条件。雪迪龙如果选择用 PE 价格，股份支付费用将增加 1 323.98 万元，其 2010 年的净利润为 3 446.56 万元，扣除增加费用后净利润为 2 122.58 万元，并未影响发行条件。

3. 被设计的股份支付

从股份支付的角度考量，雪迪龙与股份支付有关的过程应该是经过精心设计的：股份支付不在发行前一年处理，是为了避免业绩下降影响发行估值；

股份支付6月20日授予，以6月30日作为基础日进行整体改制的评估，9月10日确定PE入资，PE入资与股份授权时间已相隔3个月；同一个时点两种目的的评估，避免了单独对股份支付再进行一次评估；同一次评估选用两种方法，成本法下的结果按净资产，用于整体转制的工商变更，收益法下的结果接近PE价，用于确定公允价值。

在整体过程中，不太合理的是同一次评估的两个结果差异超过100%，尽管存在方法的不同，但相差如此悬殊也是非常难以理解的。

3.9　翰宇药业：两项同一控制下的资产收购㊀

3.9.1　案例公司相关背景

翰宇药业全称“深圳翰宇药业股份有限公司”，是创业板上市公司，股票代码“300199”。翰宇药业于2011年1月公布《首次公开发行股票并在创业板上市招股说明书》(申报稿)，2011年4月成功发行股票并上市。

主营业务：公司主要从事化学合成多肽药物的研发、生产和销售，主要产品包括多肽药物制剂、多肽原料药和客户肽（定制服务）三大系列。

3.9.2　报告期内的两次资产收购

1. 资产收购情况

为降低管理成本、发挥业务协同优势，完善公司产业链，丰富公司产品结构，减少关联交易，杜绝同业竞争并进一步增强公司的独立性，从2007年7月起，翰宇生物（深圳翰宇生物工程有限公司的简称，系翰宇药业具有同一控制关系的关联方）多肽研发中心从事的客户肽生产和销售业务由公司承接。2007年12月，翰宇生物将其拥有的所有知识产权，包括商标、专利、技术工艺、技术秘密和其他内容的知识产权以及与知识产权相关的权利一揽

㊀ 本节相关表述和分析所依据的资料来源于翰宇药业申报稿招股说明书。翰宇药业申报稿招股说明书来源于中国证监会网站 www.csrc.gov.cn。

子无偿转让给公司。2008年，公司收购了翰宇生物多肽研发中心资产及其他与药品生产相关的设备；多肽研发中心的人员与业务一并转入翰宇药业，相关人员与公司重新签订了劳动合同。

前述收购完成后，除翰宇生物医药园厂房及办公楼外，翰宇生物不再拥有与药品生产、经营相关的资产，也不再从事与药品相关的业务。由于政府相关制度限制，翰宇生物医药园土地、厂房及办公楼不能转让给公司，但已租赁给公司使用。

2008年的两次资产收购过程：2008年1月，经公司股东会批准，公司与翰宇生物签订《资产转让协议》，收购翰宇生物拥有的多肽研发中心部分资产及部分其他与药品生产相关的设备。2008年12月，经公司董事会批准，公司与翰宇生物签订《资产转让协议》，收购多肽研发中心及其他与药品生产相关的全部剩余设备。

两次收购的资产均进行了资产评估，评估价值与账面价值差异较小，故用账面价值作为收购价格，相关数据如表3-13所示。

表　3-13　（单位：万元）

资产类别	2008年1月收购			2008年12月收购		
	账面价值	评估价值	收购价格	账面价值	评估价值	收购价格
多肽研发中心	864.19	879.57	864.19	467.54	411.46	411.46
其他与药品生产相关的设备	708.06	723.43	708.06	1 871.50	1 562.11	1 562.11
合计	1 572.25	1 603.00	1 572.25	2 339.04	1 973.57	1 973.57

2. 两次收购是否构成业务合并

收购前后，被收购资产多肽研发中心、其他与药品生产相关的设备与公司同受曾少贵、曾少强、曾少彬控制，该控制并非暂时性的。构成同一控制下的企业合并还需被收购方构成一项业务。

（1）收购其他与药品生产相关的设备不构成同一控制下的业务合并。其他与药品生产相关的设备原由翰宇生物拥有。由于翰宇生物没有药品生产许可证、药品GMP证书以及药品注册批件，不能从事药品生产，其他与药品生产相关的设备本身不能独立进行生产经营，需和公司拥有的资产配套使用才能用于药品生产，并一直由公司独家无偿使用。其他与药品生产相关的设备在翰宇生物没有投入、加工处理过程和产出，在翰宇生物不构成一项业务。因此，收购其他与药品生产相关的设备不属于同一控制下的业务合并。

（2）收购多肽研发中心构成同一控制下的业务合并。多肽研发中心主要负责产品的研发、注册管理、专利管理以及客户肽研究与生产工作，有投入、加工处理过程和产出。多肽研发中心构成一项业务。多肽研发中心自报告期期初起即与发行人受同一实际控制人控制，该控制并非暂时性的，且与发行人重组前的业务具有相关性，为同一产业链的上下游。因此，收购多肽研发中心构成同一控制下的业务合并。

3. 会计处理

编制申报财务报表时，公司假定多肽研发中心资产及业务在申报财务报表的最早期间即为公司拥有，自申报财务报表期初开始，将多肽研发中心资产、负债、经营成果和现金流量纳入申报财务报表。

编制申报财务报表时，公司将翰宇生物发生的其他与药品生产相关的设备应承担的折旧作为公司成本，并相应增加资本公积。

4. 对公司 IPO 的影响

两次收购合计占比指标如表 3-14 所示。

表 3-14

资产类别	总资产	营业收入	利润总额
多肽研发中心（万元）	1 176.54	373.37	−929.48
其他与药品生产相关设备的收购（万元）	1 978.87	—	−226.94
被收购资产合计（万元）	3 155.41	373.37	−1 156.42
发行人（万元）	5 823.97	5 620.16	1 514.61
相比比例（%）	54.18	6.64	

资产收购完成后，公司运行已超过一个完整会计年度。

3.9.3 案例评析

2008 年 1 月和 12 月，公司两次通过同一控制下的业务重组收购资产，交易标的实际上是两项资产，一项是多肽研发中心的资产和设备，一项是其他与药品生产相关的设备。

1. 收购多肽研发中心

从生产经营、财务核算以及收购业务的范围方面，分析是否构成业务合并。

（1）从生产经营看，多肽研发中心是依托于翰宇生物的省级研发中心，负责产品的研发、注册管理、专利管理以及客户肽研究与生产工作，有投入、加工处理过程和产出。多肽研发中心构成一项业务。

（2）从财务核算看，多肽研发中心是实行独立核算的独立机构，有明确的资产、收入和利润。

（3）从收购范围看，多肽研发中心从事的客户肽生产和销售业务由公司承接，相关知识产权、与多肽研发中心生产经营相关的资产与设备、人员均已转移至公司。厂房及办公楼由于政府限制未能完成转移，但已办理租赁手续，并承诺在得到政府批准后予以转移。

基于上述分析，收购多肽研发中心属于同一控制下的业务合并。在会计处理上，将多肽研发中心资产、负债、经营成果和现金流量纳入申报财务报表，并进行追溯重述。

2. 收购其他与药品生产相关的设备

其他与药品生产相关的设备在翰宇生物没有投入、加工处理过程和产出，在翰宇生物不构成一项业务，故上述业务重组性质上属于收购资产。

在会计处理上，相关设备在完成收购后入账。对于收购前期间，未进行追溯或者备考，而只是将公司应承担而未计提的折旧予以补计。

3. 对 IPO 的影响

尽管公司于 2008 年分两次收购资产，两次收购都包括多肽研发中心的部分资产，故从单次看，并不十分满足业务合并的会计条件，但根据会计准则及审核惯例的要求，报告期内的两次收购应统一考虑，实际上公司已收购了多肽研发中心的全部业务并转移了全部资产，已完全构成业务合并。

累计收购的总资产、营业收入和利润总额指标均不足 100%，所以重组完成后不需要运行一个会计年度。

第二部分

建立有效的内部控制

第4章

IPO 内部控制的框架

首发办法⊖对发行人内部控制的要求是：内部控制制度健全且被有效执行，能够合理保证财务报告的可靠性、生产经营的合法性、营运的效率与效果。保证财务报告可靠性目标的控制通常定义为财务报告控制，其他为非财务报告控制。根据首发办法的直观理解，IPO 要求的是财务报告控制和非财务报告控制所有重要内控都健全有效。

4.1 IPO 内部控制的目标

首发办法对内控标准的要求很高，但其并没有明确应按何种标准建立内部控制。在法定层面上，内部控制主要

⊖ 首发办法包括：中国证券监督管理委员会令第 32 号《首次公开发行并上市管理办法》，其规定适用于 A 股主板和中小板上市公司；中国证券监督管理委员会令第 61 号《首次公开发行股票在创业板上市管理办法》，其规定适用于 A 股创业板上市公司。

依据财政部等五部委于 2008 年发布的《企业内部控制规范》及后续的应用指引（内控规范）。具体执行时间要求上[⊖]，在上市公司层面，除主板公司自 2012 年 1 月 1 日起分批执行之外，中小板和创业板公司均未有明确的执行时间表，其他公司鼓励执行。所以 IPO 公司只是鼓励执行内控规范，并不属于法定要求。

如果不执行内控规范，那么从通用标准上看，可选择的只有财政部 2001 年发布的《会计控制规范——基本规范（试行）》（会计控制规范）。相对于基本规范，会计控制规范是内控范畴中较低层次的要求，其以“保证会计资料真实完整”为根本目标，与财务报告控制的目标是相同的。

再看看目前实务中的情况。IPO 公司多为中小民营企业，在整个 IPO 报告期内，财务很可能从以纳税要求为导向过渡到以会计准则为导向，业务很可能处于扩张期，从初创期的靠人管理过渡到扩张期的靠制度管理。相应地，在内控层面，很可能多以规范财务核算和制定业务流程为主，即主要目标还是健全财务报告内部控制，全面的内部控制只能是远期方向，任重道远。

综合上述的法定要求及实际情况，大多数 IPO 公司报告期内全面执行内控规范是不现实的，原则上，应该还是以建立健全财务报告内部控制为核心任务。

4.2　财务报告对 IPO 内部控制的需求

财务报告是一个结果，而内部控制是一个过程，只有保证过程的良好运行，才能得出正确的结果。

1. 可靠的财务报告依赖于良好的内部控制

财务会计是一个信息系统，其宗旨是用“会计语言”表述经济业务。经

⊖ 具体执行时间要求：依据财办会 [2012]30 号《关于 2012 年主板上市公司分类分批实施企业内部控制规范体系的通知》。

济业务传递到会计系统，会计系统经确认和计量后生成财务报表，在这个过程中，要依靠与会计相关的内部控制，保证真实的经济业务及时、准确地传递到会计系统，并由会计系统做出正确的会计处理。所以，可靠的财务报告依赖于良好的内部控制，从业务到生成财务报告，关键性内控有三部分：一是业务系统运行的可靠性；二是业务系统与会计系统之间信息传输的控制；三是财务部门主导的会计系统本身的控制。

2. 内控的不同层次都会影响财务报告

内部控制是一个广泛的体系，在实质性的控制结构方面，从上而下可以划分为治理结构、业务流程、会计系统三个不同层次。治理结构是对管理层的制约和分层授权机制，业务流程是业务在部门、岗位、人员之间的流转过程，会计系统则是财务核算的体系和规则。广义地理解，内部控制与财务报告的可靠性是层层相关的。

（1）治理结构。治理结构的核心是董事会对管理层的制约，在缺乏制约的情况下，基于 IPO 利润操纵的超强动机，管理层非常容易超越内控，所以治理结构不健全，往往会给财务舞弊提供机会。

（2）业务流程。从内控的目标看，业务流程层面主要解决“生产经营的合法性”和“营运的效率和效果”问题，原则上与财务可靠性目标不直接发生关系。

如果业务不合法，尽管理论上不影响财务的记录，但违法行为的财务后果很可能难以估计，从而影响财务报表的公允编制。此外，如果业务缺乏授权审批等关键流程，或有流程但遵循程度不够，一是可能增加员工串通的可能性，对报表真实性带来影响；二是可能会影响业务真实性的确认。

（3）会计系统。会计系统与财务报表的编制过程直接相关。会计系统处理什么样的业务，也绝不只是被动地等待业务流程的输入，而需要根据正确的核算规则，主动地提出对业务资料的需求。

从内控的层次看，治理机制解决的是根本性问题。但是多数 IPO 公司存在一股独大的问题，如大股东绝对控制董事会，董事长兼任总经理，老公 CEO 老婆 CFO 等，从舞弊的角度看，只要实际控制人有动机，内控程序就很难发挥作用。所以，治理结构虽然在一定程度上可以防范舞弊，但其总是可遇而不可求。根据 IPO 对内部控制的要求，首要任务是完善会计系统和核算规则，其次是建立能够保证业务可靠的业务流程。

4.3　IPO 实务对内控的要求

1. 逐步健全财务报告内部控制制度

从上市公司落实内控规范的实践看，需要引入专业咨询机构协助建立或完善内控，会计师亦需要对内部控制进行专门审计并出具审计意见。IPO 公司尚未要求执行内控规范，会计师只是执行内控鉴证程序且也只是出具鉴证意见，所以对于大部分 IPO 公司而言，目前仍应以财务报告内控制度建设为主要目标，没有必要在报告期内落实全面内控建设。

在 IPO 过程中，是否要求整个报告期都保持非常好的内部控制呢？评价内部控制有效性是基于特定基准日，而非三年或三年又一期的整个报告期。但是基准日也不是一个简单的时点概念，而是体现内部控制这个过程向前的延续性。原则上，非整个报告期又非最终的基准日，实务中建议按以下把握：报告期内至少要保证最后一个完整年度的内部控制足够有效，报告期第一年和第二年，允许存在一定的非重大缺陷，但必须体现出是一个规范的过程。

2. 完善内部控制制度的具体建议

从基本符合 IPO 关于财务报告内部控制的要求出发，建议重点做到以下几个方面。

（1）业务合法合规。业务的合法合规性，通常与行业特点有关，常见的违规业务，如：业务开拓中的灰色支出，使用不合法、不正规的发票，无交易背景的银行票据收、支以及现金管理中的库存现金超过限额、大额现金收付、现金的坐支、个人银行卡用于对公收支等。

业务的违法违规，除了法律风险外，也经常对财务报告的真实性带来较大影响。

（2）业务流程清晰。业务流程是否具备效率和效果，外部审核往往是难以评判的，但主要业务的业务流程一定要清晰，符合控制原则，并得到不折不扣的执行。清晰的流程有两个关键点，一是流程中的业务单据完备，要素齐全，能够清晰记录整个过程；二是流程中有明确的与会计系统的对接点，业务单据能够及时完整地传递到财务部门。

（3）明确的会计导向。在实务中，非上市公司习以为常的是以发票为记账基础的“税务会计”，生成的财务报表与真实的经济业务严重脱节。在内控层面，“税务会计”忽略了会计与业务的衔接，沿着各自的方向各行其道，形成了业务和财务的“两张皮”，在发票使用不普遍及现金交易频繁的行业，甚至形成对外和对内的“两套账”。

在建立财务控制制度时，应以会计原则为前提，充分考虑会计核算的具体需求，根据会计导向设置流程，以明确会计核算所需要的业务单据，并保证业务单据完整及时地传递到财务部门。

（4）杜绝重大会计差错。不考虑舞弊的情况，重大会计差错主要来源于两个方面：一是会计处理失当；二是财务与业务信息沟通不畅，未能及时做出会计处理。站在内控的立场，如果是会计处理的问题，说明财务人员的胜任能力或财务内部的复核程序存在问题；如果是财务与业务沟通的问题，则说明业务流程运转不够通畅。

综上理解，重大会计差错约等于内部控制重大缺陷，所以 IPO 报告期内应尽量杜绝重大会计差错。

（5）更好的信息系统。目前 IPO 公司中，已上线运行全面 ERP 系统的公司还不多，比较常见的是业务系统全部信息化或部分信息化，但业务系统尚未与财务核算系统自动连接，财务核算需要从业务系统中人工提取单据或数据。

业务信息系统是对内部控制的固化，控制程序由计算机自动实施，可以杜绝人工操作的重复、低效和差错，并保持足够的刚性。以业务信息系统为基础的财务管理和核算，可以提供更多有效的财务信息。良好运行的信息系统，对内部控制的有效性有足够的说服力。

但凡事总有两面性，信息系统带来高效和刚性的同时，很有可能对财务舞弊开了更大的后门。只要在后台修改一下系统数据，就可以轻易绕过控制程序，隐蔽地完成内部流程作假。

第5章

常见的内部控制缺陷

建立内部控制制度的目的，是合理保证财务报告的可靠性、生产经营的合法性、营运的效率与效果。凡是对上述“三性”造成重大不利影响的事项都属于内控缺陷。内部控制可以分为治理结构、业务流程、会计系统三个不同层次，不同层次的内控缺陷，会对经营和财务在某些方面单独或共同产生较大的负面影响。

IPO公司常见的内控缺陷，通常表现在重大会计差错、业务违法违规、未遵循业务流程、关联交易未有效控制等几个方面。

5.1 重大会计差错

IPO公司的重大会计差错，体现在申报材料中披露的申报财务报表与原始财务报表的差异分析之中，形成差异的原因，除少数源于报告期内法定的会计政策变更之外，大多数情况下都是由于原始报表存在重大会计差错。

形成差错的原因主要有以下几类：

1. 会计方法运用有错误

会计方法错误，指具体会计政策和会计估计的选择和运用不当。比如，产品销售选择的收入具体确认时点不当、应收账款未按账龄分析法充分计提坏账准备等。会计方法错误说明会计系统未能选择最合理的会计方法，故应认定会计系统存在缺陷。

2. 业务部门和财务部门的信息沟通不畅

内部流程中业务部门与财务部门之间的沟通不够，一是业务信息不能够及时传递到财务部门，可能导致收入跨期、费用未及时报销入账、在建工程延迟转固等问题；二是未按照会计导向制定业务流程，财务管控不够，业务部门不清楚如何才能全面有效地提供相关业务信息。

业务部门与财务部门连接不通畅，是业务流程设计和执行的问题，属于业务层面的缺陷。

3. 会计核算存在差错

由于财务人员的疏忽大意，或财务内部缺少必要的复核，导致会计核算出现重要的数据差错。核算差错显然属于会计系统缺陷。

4. 存在舞弊形成的差错

由于报告期内存在财务舞弊，例如，部分 IPO 公司出于偷逃税款目的少计报表收入或虚增成本费用等，导致原始报表不真实，申报报表对舞弊进行纠正所产生的重大会计差错。财务舞弊更多属于管理层舞弊，管理层有舞弊的动机、机会和借口，往往可以归结为治理结构的缺陷。

5.2　业务违法违规

业务违法违规，包括 IPO 公司直接从事违法违规的业务和重点业务管控不利导致出现违法违规的结果两种情况。业务违法违规，说明内部控制无法保证生产经营的合法性，属于业务流程层面的缺陷。

1. 从事违法违规的业务

违法违规业务的高发，往往与IPO公司所处的行业相关，例如，以现金结算为主的行业，容易出现坐支现金以及公款私存等违反现金管理法规的行为；在行销费用较高的医药行业，容易出现以无真实交易背景的发票充抵费用的行为；在融资领域，也容易出现违规业务，比如普遍存在的民间借贷、开具无交易背景的银行票据用以套取银行资金、以银行票据代替现金在企业间进行流通等。

2. 业务结果违法违规

对于某些重要的业务，如果内部控制不到位，可能会出现违法违规的结果，例如，对于食品企业，由于对供应商管控不力而导致出现食品安全质量问题；对于高危行业的企业，由于安全生产管控不力导致出现安全生产事故。

5.3　未遵循业务流程

生产经营的正常运行依靠的是清晰明确的业务流程，业务流程往往涉及前后多个不相容岗位之间的审批和复核，可以有效防范业务风险和可能出现的职务侵占。不按照厘定的业务流程执行业务，属于业务流程层面的缺陷。

如果业务未遵循业务流程是普遍行为，内部控制形同虚设，那么很可能会使公司经营处于风险之中，影响经营的效率和效果。比如，不签订合同即发货，可能使货款回收面临更大的风险；不进行必要的合格供应商管理，可能使原料采购陷入价格高、质量差的风险之中。

如果个别关键业务未遵循业务流程，则往往是管理层出于某种目的逾越了内控，从外部审核的角度看，可能会对交易的真实性产生疑问，进而怀疑是否存在操纵业绩的行为。

5.4　关联交易未有效控制

IPO 公司应制定专门的关联交易内控制度，重点管控两方面的交易：一是防止或及时解决实际控制人或其他关联方占用公司资金问题；二是对持续性的经常性关联交易进行有效的程序控制。

大股东资金占用是 IPO 公司常见的不规范行为，对于已经发生的资金占用，应签订有效的合同并支付公允的资金使用费，及时清理收回资金本息并杜绝再发生任何形式的占用。实际控制人发生的具有持续性和随意性的资金占用，本质上损害了 IPO 公司和其他股东的利益，表明公司治理结构存在缺陷，不能对实际控制人进行必要的制衡。

对于持续存在的与业务有关的经常性关联交易，应由董事会或股东大会按程序进行必要的表决批准，并通过具体制度确保关联交易的公允性。

IPO 公司存在内部控制缺陷，会对内部控制的健全有效产生负面影响，严重的内控缺陷有可能导致严重的违法行为，也有可能会对公司的持续盈利能力产生重大不利影响，很有可能形成 IPO 审核中的实质性障碍。所以，IPO 公司应对照检查业务和财务方面的内控缺陷，对存在的内控缺陷及时弥补，防止出现新的内控问题，合理地保证报告期内内部控制的健全有效。

第6章

内控缺陷案例分析

6.1 合纵科技和脉山龙：基于重大会计差错的内控缺陷[⊖]

6.1.1 案例公司相关背景

1. 合纵科技

合纵科技全称“北京合纵科技股份有限公司”，于2007年9月在新三板（代办股份转让系统）挂牌，股票代码“430018”。合纵科技是从事电缆网配电及控制设备制造及相关技术服务的高科技企业，公司的主营业务是：面向国内电力网络、市政建设、铁路、城市轨道交通等诸多

⊖ 本节相关表述和分析所依据的资料来源于合纵科技申报稿招股说明书、合纵科技不予核准决定、脉山龙申报稿招股说明书、脉山龙不予核准决定。合纵科技申报稿招股说明书、合纵科技不予核准决定、脉山龙申报稿招股说明书、脉山龙不予核准决定均来源于中国证监会网站 www.csrc.gov.cn。

领域，生产和销售户外中高压（12 ～ 40.5kV）配电和控制设备，主要产品包括环网柜、箱式变电站、配电系统故障检测装置、电缆附件等共计四大类 11 个系列。

合纵科技于 2011 年 11 月公布《首次公开发行股票并在创业板上市招股说明书》（申报稿），但未能通过创业板发审委的审核。证监会《关于不予核准北京合纵科技股份有限公司首次公开发行股票并在创业板上市申请的决定》中公布的否决原因如下：

你公司因 2008 年度及 2010 年 1 ～ 6 月原始财务报表存在不符合收入确认原则和关联交易统计不完整导致合并报表内部交易抵消不彻底的情况，对申报财务报表进行了重大会计差错更正，使申报财务报表与原始财务报表产生重大差异。其中最近一个会计年度中，2010 年 1 ～ 6 月因跨期收入调整主营业务收入 290 918.20 元，调整应收账款 16 707 788.74 元，因未实现内部销售利润抵消错误调整销售利润 -1 352 975.90 元。上述事项说明你公司会计核算基础工作不规范，内部控制制度存在缺陷。

2. 脉山龙

脉山龙全称“深圳市脉山龙信息技术股份有限公司”，是国内第一家通过自主创新的“远程服务平台”为用户提供信息系统咨询设计——信息系统建设——信息系统运维全过程服务的服务外包商。

脉山龙于 2010 年 5 月公布《首次公开发行股票并在创业板上市招股说明书》（申报稿），但未能通过创业板发审委的审核。证监会《关于不予核准深圳市脉山龙信息技术股份有限公司首次公开发行股票并在创业板上市申请的决定》中公布的否决原因如下：

报告期内，申请人发生重大会计差错更正，调减 2007 年度并计入 2008 年度主营业务收入 1 182.6 万元，占当期主营业务收入的比例分别为 21.8%、13.12%；调减 2007 年度并计入 2008 年度净利润 517.7 万元，占当期净利润的比例分别为 42.49%、40.06%，且该调整事项发生在申请人变更为股份公司之后，说明申请人会计核算基础工作不规范，内部控制制度存在缺陷。

6.1.2　案例分析

在两个案例中，公开的否决原因都是报告期内存在重大会计差错而被认定为内控制度存在缺陷。出现重大差错的原因，可能是会计方法错误，可能是跨期因素，也有可能涉嫌财务舞弊。无论何种原因的差错更正，都可以归结于内控缺陷，而内控缺陷都可以上升到不符合“发行人会计基础工作规范”和“发行人内部控制制度健全且被有效执行”等发行条件的高度。

1. 合纵科技的被否决原因

（1）内控缺陷。申报稿招股说明书的报告期为 2008 年至 2011 年 6 月三年又一期，可以推测，公司应该是 2010 年下半年进行的上市申报。从差错的期间看，不是整个报告期内都存在，而只是 2008 年度和 2010 年 1 ～ 6 月。2008 年是报告期第一年，内控缺陷一般是可以接受的。由于不涉及年度的汇算清缴，一般不会出现半年报的申报报表与原始报表差异，之所以出现这种情况，估计与其是新三板公司有关，即先在新三板公告半年报形成了原始报表，又经审计调整后形成申报报表。

形成差错的原因，是不符合收入确认原则和关联交易统计不完整导致合并报表内部交易抵消不彻底。收入确认原则和关联交易抵消都属于技术问题，是很容易解释清楚的。从差错的金额上看，对 2010 年当期的利润影响应该是很小的，并不具有重要性。

所以，从差错的时间、原因及重要性上来看，合纵科技的会计差错在性质上并不严重，且公司早已在新三板挂牌，其核算的规范性理应有一定保证，创业板发审委将其定性为内控重大缺陷有些勉强。

（2）公告之外的可能原因。根据招股说明书，公司涉及一项重要的专利权诉讼：2010 年 10 月，合纵科技被北京科锐（北京科税配电自动化股份有限公司的简称，系中小板上市公司，股票代码“002350”）以专利侵权为由诉至法院。2011 年 6 月，合纵科技二审败诉。此事项保荐机构认为：该产品所涉及技术非发行人主营产品的核心技术，专利诉讼的经济赔偿及相关费用对公司财务状况的影响较小，涉案产品停产对公司的生产、经营的影响较小。因此，该次纠纷不影响发行人核心技术及其产品，不会对本次发行上市造成实质性不利影响。

北京科锐是合纵科技的主要竞争对手之一，合纵科技的实际控制人及 4 个主要股东都是原北京科锐的员工，此外，合纵科技申报材料上报后，北京科锐即提起上诉，显然是有备而来。或许正是与北京科锐这种不正常的关系，才会使创业板发审委对于公司核心技术所面临的被诉风险难以判断，这才是被否决的更重要原因。

2. 脉山龙的被否决原因

（1）内控缺陷。申报稿招股说明书的报告期为 2007 ～ 2009 年三年，差错涉及 2007 年和 2008 年两个会计年度，且该调整事项发生在申请人变更为股份公司之后，从时间上看，相对严重一些。形成差错的原因是收入跨期，即 2008 年收入提前计入了 2007 年，相对也比较容易理解。但从重要性上看，更正利润占当期净利润的比例分别为 42.49%、40.06%，金额相当大。

从上述差错的时间、性质和重要性来看，会计差错总体上还是比较严重的。

（2）公告之外的可能原因。根据招股说明书，脉山龙报告期内利润水平较低，报告期营业收入、净利润及原始报表净利润如表 6-1 所示。

表　6-1　（单位：万元）

项目	2009 年	2008 年	2007 年
营业收入	9 792.37	9 013.49	5 424.65
扣非后净利润（申报报表）	1 570.35	1 177.09	1 140.16
更正净利润		517.7	−517.7
扣非后净利润（原始报表）	1 570.35	659.39	1 657.86

从表 6-1 可以看出，脉山龙营业收入最高都没有过亿，规模偏小，审核中一般认为这样的“袖珍”公司经营风险较大，业绩不稳定，影响持续盈利能力的判断。此外，更重要的是，如果不是差错更正，三年业绩没有成长

性，根本不符合创业板的上市条件。故此，这笔跨期更正的真实性难免引起创业板发审委的怀疑。

6.2　来伊份和玉龙股份：基于业务违规的内控缺陷㊀

6.2.1　案例公司相关背景

1. 来伊份

来伊份全称“上海来伊份股份有限公司”，是国内著名的品牌休闲食品连锁企业，专业从事“来伊份”品牌休闲食品开发、品牌推广、连锁经营，产品覆盖休闲食品的炒货、蜜饯、肉制品、水产品、糕点、糖果/果冻、豆制品、果蔬类、膨化等九大系列。

2011年4月，来伊份公布《首次公开发行股票招股说明书》（申报稿），但未能通过发审委审核。证监会《关于不予核准上海来伊份股份有限公司首次公开发行股票的决定》中公布的被否决原因如下：

根据申请材料，报告期内你公司多次因产品质量问题被有关部门处罚。2012年4月24日晚，央视二套《消费主张》栏目《3·15在行动——美味蜜饯这样生产》节目报道你公司及部分供应商产品质量存在问题。节目播出后，你公司销售收入明显下降，第二季度处于亏损状态。你公司的内部控制存在缺陷，且对你公司经营产生重大不利影响。

招股说明书中关于蜜饯产品的相关情况如下：

蜜饯类食品在来伊份所有9大类休闲食品中销售金额排名第二，报告期内的2009年、2010年和2011年，蜜饯收入占销售收入的比例分别为18.6%、17.62%、17.8%；蜜饯毛利占总毛利的比例分别为23.08%、20.84%、

㊀ 本节相关表述和分析所依据的资料来源于来伊份申报稿招股说明书、来伊份不予核准决定、玉龙股份第一次申报稿招股说明书、玉龙股份第二次申报稿招股说明书、玉龙股份不予核准决定。来伊份申报稿招股说明书、来伊份不予核准决定、玉龙股份第一次申报稿招股说明书、玉龙股份第二次申报稿招股说明书、玉龙股份不予核准决定均来源于中国证监会网站 www.csrc.gov.cn。

19.68%。

2011 年 4 月 24 日晚，央视《消费主张》栏目曝光了国内部分蜜饯加工厂的黑幕。其中，杭州灵鑫食品有限公司（以下简称“杭州灵鑫”）生产的一款蜜饯甜蜜素检测值此次被曝超过国家检测标准 4 倍多。而杭州灵鑫是来伊份多年来重要的供应商之一，采购金额排在其 2009 年供应商中的第 5 位、2010 年供应商中的第 6 位、2011 年供应商中的第 5 位。

2. 玉龙股份

玉龙股份全称“江苏玉龙钢管股份有限公司”，是上交所主板上市公司，股票代码“601028”。公司自设立以来一直专业从事焊接钢管的生产、销售，主要产品包括螺旋埋弧焊接钢管、直缝埋弧焊接钢管、方矩形焊接钢管和直缝高频焊接钢管四类。公司目前已发展成为专业生产石油、天然气、煤浆、自来水输送用及大型钢结构用钢管综合生产厂家之一，综合实力居同行业前列。

玉龙股份两次向中国证监会提交上市申请。2010 年 8 月，第一次公布《首次公开发行股票招股说明书》(申报稿)，但未能通过发审委审核；2011 年 8 月，第二次公布《首次公开发行股票招股说明书》(申报稿)，最终通过审核，2011 年 9 月在上海主板成功发行股票并上市。

证监会《关于不予核准江苏玉龙钢管股份有限公司首次公开发行股票的决定》中公布的第一次被否决的原因如下：

你公司招股说明书披露，报告期内存在开具没有真实交易背景的银行承兑汇票、向股东和管理层及部分员工借款且金额较大、关联交易决策程序未完全履行、董事变动频繁等情况。由于上述情形，难以判断你公司是否能够规范运行。

（1）银行承兑汇票的违规情况。根据第一次招股说明书披露，上述银行承兑汇票的情况如下：

报告期初公司曾存在开具没有真实交易背景的银行承兑汇票的情况，具体方式包括：①通过控股子公司玉龙精密（无锡玉龙精密钢管有限公司的简称）向不同银行进行票据融资。即玉龙钢管（玉龙股份的另一简称）与玉龙精密签订正常的购销合同后，由玉龙钢管向玉龙精密分别在不同的银行中开具承兑汇票或由玉龙精密向玉龙钢管在不同的银行中开具承兑汇票，致使部分汇票没有真实的交易背景，收到汇票的一方将超过正常购销额的承兑汇票贴现。②当玉龙精密对外采购而开具票据的信用额度不足时，由玉龙钢管向玉龙精密开具承兑汇票，玉龙精密收到承兑汇票后，背书转让给材料供应商用于原材料的采购；反之，当玉龙钢管对外采购而开具票据的信用额度不足时，由玉龙精密向玉龙钢管开具承兑汇票，玉龙钢管收到承兑汇票后，背书转让给材料供应商用于支付货款。报告期内，公司开具没有真实交易背景的汇票余额为 0，仅 2007 年开具没有真实交易背景汇票的发生额为 5 600 万元，占该年应付票据发生额的 6.85%。公司采取上述融资行为，均在银行授予公司的授信额度范围内，上述融资票据行为都已履行完毕。

从 2007 年 4 月起，公司已停止上述不规范行为，公司承诺今后将严格按照《票据法》的有关规定执行，不再发生类似的不规范行为。主要措施包括：一是加强对《票据法》和国家有关票据管理的相关规定的学习，掌握票据管理的相关政策；二是强化公司内部控制，严格执行票据业务的批准程序；三是在实际运作中加强与保荐人、会计师等中介机构的沟通，进一步提高规范运作的意识和责任感；四是对相关业务人员进行严格考核，加大奖罚力度，彻底杜绝该类行为。公司实际控制人唐永清、唐志毅、唐维君、唐柯君承诺："若股份公司和 / 或玉龙精密产生任何法律纠纷，发起人承担所有责任并赔偿股份公司和玉龙精密因此遭受的损失，且无须股份公司和玉龙精密支付任何对价。"

（2）关联借款的情况。根据第一次招股说明书披露，上述向关联方借款的情况如下：

为了更好地满足公司原料采购等日常生产经营的短期资金需求，报告期内公司存在向股东和管理层及部分员工进行借款的情况。具体操作模式为：

借款方将资金借给公司后，公司在每年年末根据借款金额、借款时间和借款利率计算应付给借款方的利息。若借款方提出提取本金或利息的要求，公司则将其所需金额支付给借款方；若借款方未提出提取本金或利息的要求，则其本金和利息继续借给公司，公司在下一年年末继续计算利息；若借款方愿意追加借款，则公司根据资金需求向借款方追加借款。自 2007 年 6 月起，公司对上述借款行为进行了清理，截至 2007 年 9 月 30 日，公司已将应付给股东和管理层及部分员工的本金及利息全部偿付完毕。

借款年利率主要参照银行同期基准贷款利率上浮 10% ～ 15% 确定。对于向股东等关联方的借款，对借款时间不足一年的部分，以同期活期银行存款利率计算利息；对借款时间超过一年的部分，则按照上述标准计算利息。2007 年，公司平均占用关联方借款 4 563.19 万元，向股东等关联方共计支付利息 304.21 万元。上述借款行为有效地满足了公司快速增长的资金需求，保证了公司生产经营的正常进行。借款是公司与各有关个人在平等自愿基础上达成的一致意思表示，公司没有用任何强迫、胁迫或者其他不正当手段迫使公司职工和上述个人向公司出借款项，该等借款出于职工自愿，未附带任何条件。借款的利率参照同期银行贷款利率，并综合考虑借款时间的长短确定，利息确定符合市场原则。上述借款行为对公司报告期内的财务费用和利润影响很小，未影响公司生产经营的独立性。

6.2.2　案例评析

两个案例都存在业务不规范造成的内控缺陷，来伊份未能对供应商进行有效管理，致使产品质量屡出问题，属于采购和质量管理业务的内控缺陷；玉龙股份开具无真实交易的银行承兑汇票，造成业务违法，是融资业务的内控问题。

一般而言，业务不规范与报表的真实可靠性并无直接关系，只要不存在需要确认计提的风险准备，不规范的业务亦应该可以进行正确的会计处理。

但是，站在外部审核的立场，不规范的业务会产生潜在的经营风险，极端情况下会影响对公司持续盈利能力的判断；不合法的业务会带来重大违法问题，亦有可能不符合上市条件。

1. 来伊份

来伊份是很少见的由于内控缺陷的实质原因而被否决的案例，这与其食品行业的特性有关。食品质量安全是食品行业持续经营的根本，也是食品类公司最大的经营风险，基于风险导向，理应在供应商管理等采购流程制定最严格的内控制度。

招股说明书显示，公司在风险因素中重点提示了供应商带来的食品安全质量风险，针对食品安全风险，公司也着力说明了相关内控措施：结合实际经营情况，公司制定了《质量管理制度》《供应商管理制度》等制度和标准，涉及商品质量标准制定、商品感官检验、商品理化检验、商品外送检验、供应商原料质量管理、包装车间质量管理以及商品供应商标准等内容，在从采购到销售的整个业务流程中加强了对商品质量的控制和管理。

预披露期间爆发“蜜饯丑闻”，似乎是一个偶然事件，但如果不针对经营中的高风险领域，扎扎实实地做好内部控制，出现经营问题也是必然的。食品安全问题一出就是大问题，带来的后果是销售收入明显下降，第二季度处于亏损状态，可见对公司经营已产生了重大不利影响。

2. 玉龙股份

在玉龙股份的被否决理由中，涉及内控缺陷的有违规开具票据和关联方资金拆借。从性质上看，票据融资属于违反《票据法》的行为，但一般情况下并不认定为重大违法行为。公司只是在报告期内的第一年，即 2007 年存在票据融资，发生额为 5 600 万元，占该年应付票据发生额的 6.85%。公司采取上述融资行为，均在银行授予公司的授信额度范围内，上述融资票据行为都已履行完毕。从 2007 年 4 月起，公司已停止上述不规范行为。

关联方资金拆借是关联方向公司提供资金支持，属于关联方资助行为，并不是占用公司资金，且资助金额也不大，未带来独立性问题，所以在性质上也并不严重。

第一次被否决，内控问题应该不会是根本性的原因，一年之后的第二次上会，玉龙股份顺利通过。第二次上会时，2007 年已不在报告期，上述两个问题已不存在，与第一次招股说明书比较，更换了保荐机构，变更了上市地点，此外并没有实质性的变动。或许，第一次的被否决，只是一个意外吧。

6.3　福星晓程和亨达股份：基于业务流程的内控缺陷⊖

6.3.1　案例公司相关背景

1. 福星晓程

福星晓程全称“北京福星晓程电子科技股份有限公司”，是创业板上市公司，股票代码“300139”，公司致力于电力线载波芯片等系列集成电路产品的设计、开发和市场应用，并面向电力公司、电能表供应商等行业用户提供相关技术服务和完整的解决方案。

福星晓程两次向中国证监会提交上市申请：2009 年 10 月，第一次公布《首次公开发行股票并在创业板上市招股说明书》(申报稿)，但未能通过创业板发审委审核；2010 年 9 月，第二次公布《首次公开发行股票并在创业板上市招股说明书》(申报稿)，最终通过审核；2010 年 11 月，公司于创业板成功发行股票并上市。

证监会并没有公开福星晓程第一次未通过审核的具体原因，但从其保荐机构的《发行保荐工作报告》所关注的问题中，可以看出内控缺陷是被否决

⊖ 本节相关表述和分析所依据的资料来源于福星晓程第一次申报稿招股说明书、福星晓程第二次申报稿招股说明书、福星晓程保荐工作报告、亨达股份申报稿招股说明书、亨达股份不予核准决定。福星晓程第一次申报稿招股说明书、福星晓程第二次申报稿招股说明书、亨达股份申报稿招股说明书、亨达股份不予核准决定均来源于中国证监会网站 www.csrc.gov.cn；福星晓程保荐工作报告来源于深圳证券交易所网站 www.szse.cn。

的一个重要原因。保荐工作报告提及了三个需要整改的内控缺陷：

（1）与朝鲜合资设立的平壤公司未按合营合同参与管理。

（2）前次申报时申报报表与原始报表存在重大差异。

（3）子公司富根智能（北京富根智能电表有限公司的简称）在未签订正式合同下，即向临汾供电公司（山西省电力局临汾供电公司的简称）大额发货。

对于在未签订正式合同下即大额发货的情况，核查过程如下：

（1）交易具体情况。2009 年 3 月 20 日，临汾供电公司以传真形式向公司控股子公司富根智能发来《采购需求单》，因“现场工程的进度加快，需继续订购部分产品”，计划向富根智能追加采购单相电子式载波预付费电能表、三相载多功能表、集中器等产品，采购金额合计 16 921 250 元，要求的交货日期为 2009 年 5 月 10 日。

2009 年 4 月初～ 6 月底，富根智能分多批次将上述货物全部发至临汾供电公司。2009 年 7 月 29 日，富根智能与临汾供电公司签订《合同书》，对上述《采购需求单》予以确认，《合同书》所涉及的产品品种、型号、数量、单价、总金额、交货日期均与《采购需求单》完全一致。

（2）临汾供电公司未与富根智能签订正式合同的原因。2009 年年初，国家电网决定在山西进行大规模的电网试点工程，山西省电力公司决定在临汾地区进行试点。为保证整体试点工程的推进，临汾供电公司急于向富根智能采购多功能电能表等相关产品，但其 2009 年度的设备采购预算尚处在山西省电力系统的内部报批过程中。为尽快推动试点工程的进展，同时又不违背设备采购审批流程，故临汾供电公司未与富根智能签订购货合同，仅以传真形式向富根智能提出采购要求。

2009 年 7 月 29 日，临汾供电公司的相关设备采购预算得到了山西省电力公司批准，遂与富根智能签订《合同书》，对上述《采购需求单》以正式合同的形式予以确认。

（3）富根智能在未订立正式合同的情况下向临汾供电公司发货的原因。

在未订立正式合同的情况下，富根智能及公司管理层仍决定向临汾供电公司发货，主要出于以下原因：

1）《采购需求单》中明确约定了临汾供电公司向富根智能采购的产品品种、型号、数量、单价、总金额和交货日期，可视为临汾供电公司向富根智能提出了订货的书面要约。

2）公司与临汾供电公司已有多年良好合作历史，该公司为具有规模的国有企业，其财务及信用状况一直较佳，近年回款情况良好，交易风险很低。

3）同时，为了控制风险，所有发货均由富根智能派专人实地交付，并立即取得对方开具的正式收货回执。

2009 年 12 月 28 日，富根智能收到临汾供电公司的货款 4 442.629 5 万元，该货款中已包含上述《采购需求单》涉及的全部货款（除合同金额 10% 的质量保证金）。

（4）采取的整改措施。尽管存在客观原因，但上述富根智能在未订立正式合同的情况下向临汾供电公司大额发货体现出公司在内控方面存在的瑕疵和缺陷。项目组基于公司内控缺陷，与公司进行沟通讨论，督促其进一步就该等内控事宜制定更为完善的制度并在执行层面上给予强化。

为此，公司就此采取了相关的整改措施，对公司的内控体系进行了完善。主要包括：

1）进一步强化了股东大会、董事会、监事会的作用，做到公司重大事项均严格按照《公司章程》《股东大会议事规则》《董事会议事规则》等制度的规定履行相应的审批程序。

2）公司设立了审计部门并完善了内部审计制度，审计部直接向董事会审计委员会汇报，全面监督所有公司内部管理和控制事项，保证公司各内部机构和控制的下属机构内部控制制度的完整性、合理性及其实施的有效性。内部审计涵盖公司经营活动中与财务报告和信息披露事务相关的所有业务环节，包括但不限于：销货及收款、采购及付款、存货管理、固定资产管理、资金管理、投资与融资管理、人力资源管理、信息系统管理和信息披露事务管理等。

3）公司修订并进一步完善了合同管理制度，明确了公司及其下属机构合同签订的内部审批程序，确保公司及其下属机构所签订的合同的合法性、严密性和可行性，并明确了合同纠纷的处理原则和合同的保管制度。有效控制公司在合同签订、实施及管理中的风险。

4）公司修订并进一步完善了发货管理制度，加强了商品出库管理，强化对发货关键环节的控制，确保不再出现未签订正式合同即发货的情况，防止相关风险给公司带来损失。

2. 亨达股份

亨达股份全称“青岛亨达股份有限公司”，主营业务为男女皮鞋的研发、设计、生产与销售。在国内市场，公司业务模式表现为自主研发设计、委托加工生产、通过自营模式和特许加盟模式销售自有品牌产品；在国外市场，通过 ODM 方式为国际知名品牌提供设计与生产。

2011 年 8 月，亨达股份公布《首次公开发行股票招股说明书》(申报稿)，但未能通过发审委审核。证监会《关于不予核准青岛亨达股份有限公司首次公开发行股票申请的决定》中公布的否决原因如下：

据申报材料及你公司和保荐代表人的现场陈述，你公司的内部控制制度存在缺陷或者未能得到有效执行。例如，你公司在申报期存在未签署《房屋买卖合同》即向自然人预付购房款的情形。截至 2011 年 6 月底，累计预付购房款 12 175.56 万元，而你公司向自然人所购房产全部处于出租状态，你公司尚未取得房产租赁人放弃在同等条件下优先购买所租房产的书面声明。你公司能否取得该等房产的权属存在不确定性，该等情形将可能导致你公司经营计划的调整。

6.3.2 案例分析

两家案例公司都存在内控缺陷，福星晓程未签订合同即发货并确认收入，亨达股份未签订合同即预付大额购房款，都表现为重大业务未按业务流程严格执行。重大业务未按业务流程执行，属于管理层未遵循内部控制制度，在不存在舞弊的前提下，从后果上会带来资产（存货和资金）的安全性以及会计确认可靠性的问题。从另一个角度看，这种管理层逾越内控的行为，有违业务的正常流程，站在外部审核的立场上，相关业务的真实性值得怀疑。

1. 福星晓程存在的问题

公司第一次申报的报告期为 2006 ～ 2009 年 6 月，临汾供电公司在报告期内一直是公司的重要客户。对其销售收入如表 6-2 所示。

表　6-2

年度	销售额（万元）	占营业收入比（%）
2009 年 1 ～ 6 月	3 298.51	33.19
2008 年度	1 324.76	6.63
2007 年度	1 029.48	8.69

2009 年上半年对其销售收入 3 298.51 万元，占比高达 33.19%，已跃升为第一大客户。站在外部审核的角度，对临汾供电公司的销售存在异常，包括：2009 年 6 月 30 日对该公司的应收账款也为 3 298.51 万元，即上半年的收入一分钱也没有收回；从描述来看，未签订合同即发货，是 2009 年 4 月初至 6 月底的一个偶发事件，并不是报告期内一贯如此；未签合同已发货的销售金额为 1 692.12 万元，占营业收入的比例达 17%，具有重要性。综合上述情况，未签订合同即发货存在提前确认收入、粉饰业绩的嫌疑。

第二次申报时，公司对未签订合同的原因以及后续签订合同的情况都进行了说明，且承认存在内控缺陷，针对性地对合同签订、发货等环节加强内部控制措施，并确保不再出现未签订正式合同即发货的情况。

更为重要的是，2009 年 12 月 28 日，富根智能收到了临汾供电公司支付的货款，这样才确保上述受质疑的销售得以证实，并最终打消了报告期内提前发货粉饰业绩的嫌疑。

2. 亨达股份存在的问题

公司申报的报告期为2008年至2011年6月三年又一期，2010年和2011年1～6月，公司与个人签订多笔购房合同并支付了巨额预付款，具体如表6-3所示。

表　6-3　（单位：万元）

合同签订日期	卖方	合同金额	预付款	付款时间
2011年1月30日	张德坤	2 029.60	2 029.60	2010年
2011年1月31日	李强	2 048.05	2 048.05	2010年
2011年1月31日	尹红	2 317.55	2 317.55	2010年
2011年2月22日	张秀娟	2 233.50	1 855.50	2011年
2011年2月22日	赵建国	2 029.52	2 029.52	2011年
2011年2月23日	张宇	1 895.40	1 895.34	2011年
合计		12 553.62	12 175.56	

2010年，公司已支付未签订合同的三笔购房款合计6 395.2万元，明显存在较大的内控缺陷。而除表面上的内控问题外，站在外部审核的角度，公司还存在一些异常信号。

（1）大额购房存在异常。其异常表现为：购房合同的签订日期十分集中，卖方全部是自然人，合同金额相近，未签订正式合同已支付全款，已付全款但房屋仍在出租未过户等。购房交易的异常，很可能导致审核中对购房的真实背景和资金去向产生较大的疑问。

（2）业务模式有舞弊基因。公司国内销售业务包括自营模式（店中店销售、专卖店销售和网上销售）和特许加盟模式。自营模式中的专卖店销售是面向个人消费者的现金销售，缺乏交易痕迹；而特许加盟模式下的加盟商以个体工商户为主，加盟商配合交易的难度比较小。

综合以上两点，很可能公司未能充分打消发审委对财务异常的怀疑，而最终未能通过审核。

6.4　同力重工和通宇通讯：基于资金占用的内控缺陷㊀

6.4.1　案例公司相关背景

1. 同力重工

同力重工全称“陕西同力重工股份有限公司”，是一家集产品研发、设计、生产与销售为一体，主要从事非公路自卸车的生产与销售的公司。主导产品为 TL840、TL850、TL860 系列非公路自卸车。同时，公司还生产少量桥梁运输车、工程洒水车、坑道车等非公路工程运输机械。

2011 年 12 月，同力重工公布《首次公开发行股票并在创业板上市的招股说明书》（申报稿），但未能通过创业板发审委审核。证监会《关于不予核准陕西同力重工股份有限公司首次公开发行股票并在创业板上市申请的决定》中公布的否决原因如下：

2008 ～ 2010 年，你公司与关联方上海同岳、风润新能源、汇赢投资及与其有密切关系的上海众合、纵阖科贸、浙江同岳、黄工格力特之间存在大量非经营性资金往来，且未签署书面合同；2008 年和 2009 年，你公司与关联方上海同岳存在设备融资租赁交易。你公司在股份公司成立前后均未就上述事项履行董事会、股东（大）会等决策程序，说明你公司法人治理结构不完善，内部控制存在缺陷。

（1）非经营性资金往来的情况。报告期内，上述关联方与密切关系方大量占用公司资金，情况如表 6-4 所示。

表 6-4 中的七家公司并没有实际控制人叶磊所控制的公司，而几乎全部与原资本大鳄“德隆系”存在千丝万缕的联系。梳理如下：

1）实际控制人叶磊出身原“德隆系”，曾任原“德隆系”上市公司“湘火炬”董事、副总裁。

㊀ 本节相关表述和分析所依据的资料来源于同力重工申报稿招股说明书、同力重工不予核准决定、通宇通讯申报稿招股说明书、通宇通讯不予核准决定。同力重工申报稿招股说明书、同力重工不予核准决定、通宇通讯申报稿招股说明书、通宇通讯不予核准决定均来源于中国证监会网站 www.csrc.gov.cn。

表　6-4　（单位：万元）

名称	关联关系	与公司的关系	2010 年	2009 年	2008 年
上海同岳（上海同岳租赁有限公司）	关联方	实际控制人为聂新勇，公司实际控制人叶磊担任董事，但并不持有股权		1 682.00	700.00
风润新能源（风润新能源设备有限公司）	关联方	公司前任董事王建龙担任总经理。互联网检索、风润新能源董事长为聂新勇	393.00	1 637.00	450.38
汇赢投资（陕西汇赢投资有限公司）	关联方	高管投资平台，直接持有公司 18% 股权			20.00
上海众合（上海众合创业投资管理有限公司）	非关联方	公司监事樊斌（亦是控股股东华岳机械的第三大股东，持股比例 8.34%）在该公司担任投资经理，实际控制人为聂新勇	500.00	500.00	800.00
纵阖科贸（上海纵阖科贸有限公司）	非关联方	公司监事樊斌（亦是控股股东华岳机械的第三大股东，持股比例 8.34%）在该公司持有 20% 股权，担任监事，实际控制人为聂新勇	500.00		1 370.00
黄工格力特（陕西黄工格力特进出口有限公司）	关联方	实际控制人叶磊担任执行董事，但并不持有股权。网上检索系新黄工（“陕西新黄工机械有限责任公司”的简称）出资组建			
浙江同岳（浙江同岳实业有限公司）	关联方	原上海同岳全资子公司，2009 年 4 月转让于汇赢投资			147.624

2）上海同岳、纵阖科贸、上海合众实际控制人均为聂新勇，而聂新勇是原“德隆系”重要高管，曾任“湘火炬”董事长。据网上检索，聂新勇亦担任风润新能源董事长。㊀

3）公司监事樊斌，亦是控股股东华岳机械的第三大股东，持股比例 8.34%，在纵阖科贸、上海合众任职；持股比例 3% 的公司股东李西茂在上海合众任职。李西茂和樊斌均具有原“德隆系”背景。

4）在公司历史沿革中，聂新勇实际控制的红岛公司（英属维尔京群岛红岛有限公司，公司原外资股东）2005 年 12 月至 2008 年 10 月持有公司 28.57% 的股权；远富集团（远富集团有限公司，公司原外资股东。据网上检

㊀ 来源于风润新能源官方网站 www.frxny.com。

索，实际控制人为聂新勇[1]）2008 年 10 月至 2010 年 3 月持有公司 30% 的股权；2010 年 1 月，远富集团将持有的同力有限（陕西同力重工有限公司系同力重工前身）股权转让后彻底退出。

5）实际控制人叶磊仍然在有原“德隆系”背景的上海同岳、黄工格力特（网上检索到其由陕西新黄工机械有限责任公司出资[2]，新黄工是原“德隆系”企业）担任董事。

（2）融资租赁交易。2008 年 7 月 23 日，公司与上海同岳签订《融资租赁合同》，租赁机器设备 29 台，租赁设备总价值 6 610 000.00 元，租赁期间为 2008 年 9 月 15 日～2011 年 9 月 14 日，租金总额为 7 579 676.96 元，2008 年 8 月公司收到上述设备。

公司于 2009 年 8 月 13 日与上海同岳签订了《解除该融资租赁合同的协议》，解除上述资产融资租赁事项，并于 2009 年 8 月 21 日、9 月 3 日和 9 月 19 日分别与设备供应商佛山南海力丰机床有限公司等公司签订设备购买合同，公司从融资租赁设备供应商处直接购入上述设备。

2. 通宇通讯

通宇通讯全称“广东通宇通讯股份有限公司”，是国内较早从事通信天线制造的企业之一，也是国内较早的基站天线研发及生产企业之一。公司产品畅销全球 50 多个国家和地区，与通信行业的众多世界知名系统集成商和运营商保持紧密合作。

2012 年 3 月，通宇通讯公布《首次公开发行股票招股说明书》（申报稿），但未能通过发审委审核。证监会《关于不予核准广东通宇通讯股份有限公司首次公开发行股票并在创业板上市申请的决定》中公布的否决原因如下：

根据申报材料，你公司实际控制人报告期内存在通过 11 家单位占用你公司资金的行为，且实际控制人未向你公司支付资金占用费；你公司于 2010

[1] 来源于 2011 年 12 月 21 日《上海证券报》“现身陕西同力 湘火炬旧帅大赚‘全身而退’”。

[2] 来源于 http://www.mychemy.com/home/xhgjck。

年5月分别补缴2007年度企业所得税20 732 407.42元、2008年度企业所得税5 028 086.99元，并缴纳滞纳金共8 364 314.30元。你公司未在申报材料和现场聆讯中对内部控制制度是否健全且被有效执行做出充分合理的说明。

（1）占用资金行为。2008年和2009年两个年度，公司实际控制人吴中林、时桂清夫妇通过11家单位累计占用公司资金9 235万元，在报告期的主要情况如表6-5所示。

表　6-5　　（单位：万元）

单位名称	2008年转出	2009年转出	2009年收回	2010年收回
广州市天河区天平林华粮油店	4 257.46	142.10	4 399.56	—
中山市小榄镇众圣钢铁边料经销部	639.16	214.39	—	853.55
中山市嘉美乐食品有限公司	480.70	—	—	480.70
丰顺县嘉达贸易商行	457.39	324.75	—	782.15
中山兴盛隆印刷包装机械有限公司	396.28	—	—	396.28
中山市中山港小汽车运输有限公司	355.37	—	—	355.37
中山市小榄镇恒丰百货店	298.33	233.03	—	531.36
中山市东凤镇滨田电器厂	238.47	92.98	—	331.45
中山市小榄镇诚见钢铁边料经销部	178.73	389.47	568.21	—
中山市小榄镇泰日五金加工店	35.50	266.98	—	302.48
中山市日信企业信息咨询有限公司	—	233.94	—	233.94
合计	7 337.38	1 897.64	4 967.76	4 267.26

保荐机构和发行人律师于2011年10月19日对发行人实际控制人吴中林、时桂清夫妇的朋友蔡荣先生进行了访谈，主要内容有："①我是吴中林、时桂清的朋友，在2007年的时候，吴总、时总找我帮忙，从公司取出一部分现金。我找到亲戚朋友开办的上述11家企业帮忙，由通宇通讯先将款项分期分批转入这11家企业的账户，再由我提出现金，并交还给时总本人。②2009年，吴总、时总找到我，说通宇通讯有上市的打算，要对以往的事情进行规范，需要将原先取出的款项原路返还回公司。时总分期分批地将该款项以现金的方式给我，我通过这11家企业将该款项划回了通宇通讯公司。其中，广州市天河区天平林华粮油店委托中山市西区众鑫电脑商行，中山兴盛隆印刷包装机械有限公司委托中山市俊龙机械配件经营部，中山市小榄镇

恒丰百货店委托中山市小榄捷汕货运咨询服务部，中山市东凤镇滨田电器厂委托中山市俊龙机械配件经营部，中山市小榄镇诚见钢铁边料经销部委托中山火炬开发区龙福五金电器商行将款项划回公司。全部款项于 2010 年 6 月归还给通宇通讯公司。”

保荐机构还核查了发行人的财务凭证和银行转账凭证、以上 11 家单位的营业执照、以上 11 家单位 2008 ～ 2010 年的银行流水账、委托付款协议，保荐机构核查后认为上述行为实质上为实际控制人资金占用。

对实际控制人资金占用按借款发生日银行存款利率模拟测算资金占用费合计 2 578 469.03 元。公司未对实际控制人占用公司资金收取资金占用费，并且模拟计算的资金占用费与当期公司净利润相比的比例较小，因此对公司当期利润的影响较小。

保荐机构意见：经过核查，公司 2007 年、2008 年形成的其他应收款是公司实际控制人占用了公司的资金，属于不规范行为；2010 年 6 月，在公司进行股份公司的改制前，公司实际控制人已经将所占用的资金全额还回公司，改正了错误；鉴于公司已经改正了上述不规范行为，因此对公司的上市不构成实质性障碍。

（2）补交巨额所得税。招股说明书未披露补交 2007 年和 2008 年巨额所得税的具体原因。由于只是补交了企业所得税，而没有补交流转税，故可以推测申报报表对原始报表的更正事项集中于成本费用，而未进行收入更正。

6.4.2　案例评析

首发办法要求“发行人有严格的资金管理制度，不得有资金被控股股东、实际控制人及其控制的其他企业以借款、代偿债务、代垫款项或者其他方式占用的情形”，即关联方存在严重占用发行人资金的行为是不符合发行条件的。

但在实务中，由于治理结构不健全的问题（多为一股独大），关联方尤其是实际控制人占用发行人资金的情况非常普遍，也有很大的随意性，在占用形式上，有直接借款占用的，也有包装成预付款等间接形式的。只要发生了占用，无论是公司未制定禁止占用的制度，还是有制度但未遵循，均属于存在内部控制缺陷。

资金占用导致的内控缺陷是否会形成 IPO 实质障碍，一是要看报告期内解决的时点；二是要看占用的原因和金额。如果占用额度不重大，原因比较合理，且报告期内至少规范后已运行完整一个年度，并与关联方已签订相关的协议并收取了合理利息，一般不会构成否决的关键性原因。

同力重工和通宇通讯的资金占用，最终清理的时间都比较晚，占用金额都具有重要性，占用原因都不具有合理性，性质上都比较恶劣，实质上都构成了否决的关键因素。

1. 同力重工

从实际控制人背景、历史沿革以及资金占用和其他关联交易来看，原“德隆系”的影子无处不在，并对公司决策和行为产生着影响。证监会否决意见中提到的 7 家公司，均不属于实际控制人控制的公司，除一家是高管投资平台外，其他 6 家均具有原“德隆系”背景。表面上，上述 6 家公司与同力重工的关联关系并不紧密，有两家甚至没有定义为关联方，但资金拆借等关联交易频繁、持续、随意性大，且不签订合同，不收取资金费用，这在正常商业关系中是难以理解的。

如果不存在背后的利益安排，而只是出于实际控制人与原“德隆系”旧部的友谊，就不断给相关方输血，持续损害公司利益，那么至少说明公司治理结构缺少对实际控制人的制度约束，存在较大的内控缺陷。

即便历史上有联系，但如果在实质上切割清楚，且规范运行足够长的时间，仍然不会构成上市障碍。公司招股说明书报告期为 2008 年至 2011 年 6 月，其资金占用在前三年完整年度均存在，显然在申报时机上过于仓促了。

2. 通宇通讯

公司的实际控制人通过 11 家单位，实际侵占了公司巨额资金。据招股说明书披露，应收的 2008 年年底其他往来款 7 337.38 万元实际从应付账款科目借方调整到其他应收款科目，这说明占用资金是挂在应付账款借方，即原报表中表现为预付货款而不是借款。招股说明书中没有说明资金的最终去向，但显然不是用于公司的业务。

在未考虑 IPO 之前，大部分企业的财务首要目的是避税。公司冒着资金安全风险将巨额资金转入多家企业，而非由实际控制人直接占用，显然是想把接受款项的企业包装成供应商，通过采购环节形成资产或成本，并最终达到少缴所得税的目的。

公司存在严重的补税行为，2007 年和 2008 年累计补税 2 576 万元（不含滞纳金），即使按 25% 的税率计算，调整税前利润也高达 10 304 万元。招股说明书未披露利润调整原因，但可以推测，利润的调整原因很可能与资金占用有关，占用的资金在原始报表中可能包装成了成本，为了上市的业绩和规范性需求，申报报表将成本予以冲回并补交了税款。

巨额的资金占用以及补缴税款，公司很可能已涉嫌财务舞弊，并存在重大违法的风险，在性质上是比较恶劣的。公司招股说明书的报告期为 2009～2011 年三个完整年度，公司在 2010 年才收回被占用的资金并补缴了前期所得税，显然，在申报时机上，通宇通讯的选择也是过于仓促了。

第三部分

把握财务审核的重点

第7章

IPO财务资料的要点

根据主板和创业板首发办法的相关规定⊖，IPO公司需要报送的财务资料包括财务报表及审计报告、盈利预测报告及审核报告、内部控制鉴证报告、经注册会计师核验的非经常性损益明细表、纳税情况的说明及原始财务报表资料等六大项。

7.1 财务资料的要点解析

7.1.1 财务报表及审计报告的要点

1. 财务报告编制

IPO公司需要按照中国证监会发布的《公开发行证券

⊖ 主板和中小板公司报送材料依据：《公开发行证券的公司信息披露内容与格式准则第9号——首次公开发行股票并上市申请文件》（2006年修订）；创业板公司报送材料依据：《公开发行证券的公司信息披露内容与格式准则第29号——首次公开发行股票并在创业板上市申请文件》。

的公司信息披露编报规则第 15 号——财务报告的一般规定》（2007 年修订）一文的要求编制财务报告，注册会计师对申报财务报告已出具标准无保留意见的审计报告。

实务中，财务报表中现金流量表的编制存在的问题较多。一方面，由于 IPO 公司不具备专业能力，注册会计师代为其编制现金流量表，会计责任和审计责任区分不清楚；另一方面，编制过程中存在一些技术问题，如定期存款、银行汇票保证金、汇兑损益等一些特殊项目在现金流量表的列示不正确、现金流量表与资产负债表和利润表之间的钩稽关系无法对应等。

2. 财务报表体现的主要财务信息

结合首发办法中对财务信息的规定，财务报告需要体现的内容包括：①报告期内财务指标符合首发办法的最低硬性要求，包括净利润、未分配利润、现金流量、股本、无形资产占净资产的比例等。②对财务报表质量的要求，具体为：资产质量良好，资产负债结构合理，盈利能力较强，现金流量正常；会计政策的谨慎性和一贯性；完整披露关联方关系及重要关联交易，关联交易价格公允。③不能存在影响持续经营能力的重大不利情形，直接体现在财务报表上的情况包括：最近一个会计年度的营业收入或净利润对关联方或者存在重大不确定性的客户存在重大依赖，最近一个会计年度的净利润主要来自合并财务报表范围以外的投资收益，经营成果对税收优惠存在重大依赖。④不存在重大偿债风险，不存在影响持续经营的担保、诉讼以及仲裁等重大或有事项。

7.1.2　盈利预测报告及审核报告的要点

实务中，审核中要求报送盈利预测报告的比较少见，原因大约是盈利预测往往缺乏可靠的基础。

7.1.3　内部控制鉴证报告的要点

要求注册会计师对内部控制出具鉴证报告，而非内部控制审计报告。鉴证报告比审计报告的层次要低，只是要求注册会计师对审计过程中关注到的与财务报告相关的内控进行评价，而不要求对内部控制进行全面审计。鉴证报告的鉴证结论一定是无保留意见的结论。

7.1.4　非经常性损益明细表的要点

非经常性损益，根据《公开发行证券的公司信息披露解释性公告第1号——非经常性损益》列举的项目来界定。财务审核的净利润指标，是以“扣除非经常性损益前后较低者”为计算依据。

7.1.5　纳税情况说明的要点

纳税情况的说明，具体资料包括：①最近三年及一期所得税纳税申报表。②税收优惠、财政补贴的证明文件。③主要税种纳税情况的说明及注册会计师出具的意见。④主管税收征管机构出具的最近三年及一期发行人纳税情况的证明。

报送纳税资料，主要是披露IPO公司的依法纳税情况，包括以下两个方面。

1. 分析纳税与会计差异

对照所得税纳税申报表和原始财务报表，可以分析报告期内应纳税利润与会计利润是否存在重大差异以及差异的原因；对照纳税申报表中的纳税申报和应交税金明细表，可以分析应交税金的会计记录与纳税申报是否存在重大差异以及差异的原因。

从大的方面，应交税金差异原因可以分为两类：一类是会计与税法的处理差异造成的，比如，根据税法要求，增值税开发票即申报纳税，而会计处理可能由于货物没有发出而未确认收入并计提增值税；另一类是会计差错造成的，即申报财务报表对纳税所依据的原始报表的收入或利润进行了重大差错更正，同时带来应交税金的更正。

2. 审核依法纳税情况

一是享受的税收优惠都有合法的文件支持，二是税务主管部门对纳税情况出具了无重大违法证明。需要注意的是，只要存在税收处罚，原则上就属于有重大税收违法，如若想认定为非重大，则需要出具处罚的税务主管部门单独对处罚事项出具非重大的证明。

7.1.6　原始财务报表资料的要点

原始财务报表资料具体包括：①最近三年原始财务报表。②原始财务报表与申报财务报表的差异比较表。③注册会计师对差异情况出具的意见。

1. 原始财务报表的定义

原始财务报表，指报告期内的当年度报送税务、工商等部门的对外报表，正常情况下，原始报表与当年度的会计账簿是一致的，与当年度的汇算清缴用会计报表是一致的。

如果申报期间某年度的财务报表业经审计，且该审计报告已用于外部报送，则经审计的财务报表为该期原始财务报表。如该期用于纳税申报的财务报表与经审计的财务报表存在不一致的，差异比较表说明中应说明主要差异情况。

申报期间某年度的财务报表没有编制合并财务报表的，则该期不存在原始合并财务报表。但 IPO 公司应当按照合并口径，先编制基于个别原始报表基础的原始合并报表，再分析说明原始合并报表与申报财务报表存在的主要差异情况。

2. 差异出现的主要原因

原始报表与申报报表差异的出现有两类原因：一类是由于报告期内变更了会计政策而进行追溯调整所引起的；另一类则是报告期内出现了重大会计差错，申报报表进行了追溯调整而引起的。

原始报表存在重大会计差错，一般会认为与财务相关的内部控制存在缺陷。除非涉及舞弊形成的差错，正常情况下报告期内的前两个年度有会计差错是可以接受的，但最后一个年度如果仍然存在重大会计差错，在一定程度上会影响到内控的结论。

7.2　财务审核中的重点

对照上述报送财务资料，财务审核中的重点内容和常见问题如表7-1所示。

表7-1　财务审核中的重点内容和常见问题

财务资料	审核要素	重点内容	常见问题
财务报表及审计报告	报表编制正确	1. 资产负债表、利润表与现金流量表项目钩稽正确 2. 现金流量表主、副表编制正确 3. 报表附注披露完整 4. 财务报表信息与招股说明书财务信息一致	1. 现金流量表与资产负债表、利润表无法钩稽 2. 现金流量表项目列示不恰当 3. 财务报表信息与招股说明书信息不一致
	盈利能力较强，不存在影响持续盈利能力的情况	1. 盈利金额较大，且不依赖于非主营业务 2. 盈利结构稳定合理 3. 毛利率合理，不存在明显下降趋势 4. 不存在影响持续盈利能力的情况	1. 外部和内部环境变化导致的持续盈利能力问题 2. 盈利来源的偶发性 3. 毛利率下降趋势 4. 依赖投资收益等非主业 5. 税收优惠严重依赖
	资产质量良好，资产负债结构合理	1. 资产负债率合理，不过高或过低 2. 应收账款和存货与经营规模相匹配，周转能力较强 3. 无形资产和商誉不存在减值迹象 4. 递延所得税资产确认谨慎	1. 资产负债率过高，偿债风险大 2. 应收账款与主营收入增长不匹配 3. 存货余额大，存在跌价风险、周转慢 4. 无形资产和商誉占比较大，存在减值风险
	现金流量正常	现金流量与利润的匹配情况	现金流量与利润背离
	会计政策和会计估计稳健、一贯	1. 重要的会计方法是否符合准则规定 2. 是否存在不谨慎、不合理的估计变更	1. 收入方法不符合准则 2. 成本核算不准确 3. 涉嫌操纵利润的估计变更
	完整披露关联方和关联交易	1. 重大的关联交易是否影响独立性 2. 关联交易的必要性、公允性 3. 关联交易趋势及后续的解决方案	1. 重大持续关联交易 2. 与PE股东的关联交易 3. 关联交易不公允 4. 关联方资金占用 5. 单方对控股子公司支持

（续）

财务资料	审核要素	重点内容	常见问题
财务报表及审计报告	财务舞弊和粉饰	是否存在财务舞弊和过度粉饰的迹象	1. 重要指标背离行业水平 2. 应收账款与主营收入增长不匹配 3. 现金流量与利润背离
内部控制鉴证报告	财务报告内部控制有效	1. 治理结构是否合理 2. 重大差错是否影响内控 3. 重要或特殊事项是否遵循内控流程 4. 不存在资金占用或违规担保	1. 重大差错致使内控无效 2. 内控执行流程缺陷 3. 业务违法违规 4. 资金占用
原始财务报表资料	重大差错更正情况	前期差错的更正情况	存在重大差错
	会计政策和会计估计稳健、一贯	是否存在不谨慎、不合理的变更	会计方法变更不适当
	内部控制有效	重大差错是否影响内控	重大差错形成内控缺陷
纳税情况说明	依法纳税	重大税收补缴是否违法	补交巨额税款，存在偷税行为
		定额征收企业所得税	定额征收，存在依法纳税和会计核算规范性问题
	内部控制有效	重大税收补缴是否影响内控	重大补税形成内控缺陷

7.3　财务审核的趋势

2013 年 11 月，证监会制定并发布《关于进一步推进新股发行体制改革的意见》，这是逐步推进股票发行从核准制向注册制过渡的重要步骤。该意见明确股票发行审核以信息披露为中心，监管部门只对信息披露内容的合法合规性进行审核，不对发行人的盈利能力和投资价值做出判断。

具体到财务审核，未来将会出现两个方面的突出特点：

1. 逐步淡化盈利能力判断

淡化盈利能力判断，并不意味着盈利能力不再重要，而是要求保荐机构负责对 IPO 公司是否具备持续盈利能力进行判断，并在招股说明书中充分披露风险。由于持续盈利能力出现问题而导致上市后出现业绩大幅下滑的，保荐机构将受到严厉处罚。

2. 进一步加强对财务信息真实性的监管

发行改革并不意味着放松监管，证监会将制定更详尽的信息披露规则，并通过公开受理后即预先披露招股说明书以及在发审会前抽查保荐机构工作底稿等手段，进一步加强对财务信息真实性的监管，打击 IPO 公司的财务操纵行为。

第8章

财务审核中的常见问题

8.1 现金流量表编制过程中的常见问题

8.1.1 票据结算对经营性现金流的影响

“经营性净现金流”是IPO财务分析的核心指标，不能与净利润同步的经营性净现金流，会引起对盈利质量或者是否虚增利润的质疑。实务中，应收票据（银行承兑汇票）有类似于现金的功能，可以背书用于支付，也可以随时贴现，但在现金流量表中，应收票据并不属于现金或现金等价物，如果不到期兑付，就不会带来现金流。某些情况下，应收票据的不合理使用会对经营性现金流带来影响。

示例： A公司原有100万元现金，本年收入100万元，客户以100万元票据结算。同期购买原材料100万元，购建固定资产100万元。公司有100万元现金和100万元票据，支付当期的200万元支出有以下多种选择。

选择一：公司以票据背书支付原材料款，以现金支付固定资产款。

结果：经营性现金流入 0 元，经营性现金流出 0 元，经营性净现金流 0 元，投资性净现金流 -100 元。

选择二：公司以现金支付原材料款，以票据背书支付固定资产款。

结果：经营性现金流入 0 元，经营性现金流出 100 万元，经营性净现金流 -100 万元，投资性净现金流 0 元。

选择三：公司将票据贴现（不考虑贴现息），原材料款和固定资产款全部以现金支付。

结果：经营性现金流入 100 万元，经营性现金流出 100 万元，经营性净现金流 0 元，投资性净现金流 -100 元。

选择四：公司将票据质押，取得银行借款 100 万元，原材料款和固定资产款全部以现金支付。

结果：经营性现金流入 0 元，经营性现金流出 100 万元，经营性净现金流 -100 元。筹资性净现金流 100 元，投资性净现金流 -100 元。

通过不同选择对经营性现金流量的影响，可以归纳出应收票据使用的几个结论：

（1）应收票据直接用于经营性支付（选择一），不会影响经营性现金流；

（2）应收票据用于投资性支付（选择二），用于筹资性支付（选择四），会影响经营性现金流；

（3）应收票据提前进行卖断式贴现，可以有效改善经营性现金流（选择三）。

应收票据提前贴现，会付出较大的贴现息成本。其收回现金属于经营性现金流还是筹资性现金流，亦存在一些争议。原理上，现金流量表的现金性质和资产负债表及利润表关于现金的处理是相互呼应的。具体到票据贴现，如果满足票据“终止确认”条件的，应作为经营收到的现金处理，如果不“终止确认”的，则资产负债表中确认为短期借款，现金流量表中应作为“借款收到的现金”披露。

在具体处理中，因银行收款是扣掉贴现息的净额，所以贴现息不用单独列示，直接以净额列示，财务费用中的贴现息在副表中也不用进行扣除。

综上，对于实务中用应收票据结算较多的 IPO 公司，一定注意不同运用对经营性现金流的影响，不要因为票据的不当使用影响经营性现金流。

8.1.2　银行汇票保证金在现金流量表中的列示

企业开具银行承兑汇票时，需要按一定比例向银行交付保证金。公司取得的票据记应付票据，保证金则记入其他货币资金。应付票据在本质上属于银行借款，票据保证金则是为该借款提供的质押。票据到期时，银行可能直接将保证金划走偿还借款，也可能将保证金归还，而从公司其他账户划走资金。

1. 银行承兑汇票保证金不属于现金或现金等价物

对于银行承兑汇票保证金是否属于现金或现金等价物，实务中一直存在争议，有以下三种观点。

（1）保证金属于现金。

依据：现金流量表准则讲解中定义的现金包括“其他货币资金”，且与该科目的核算内容一致。票据保证金属于“其他货币资金”，故属于现金。

（2）3 个月内可用于支付的票据保证金属于现金，反之不属于现金。

依据：2006 年 5 月中国注册会计师协会发布的专家咨询意见，即以“3 个月”期限作为保证金能否视为“可以用于随时支付”的判断标准。

（3）保证金不属于现金或现金等价物。

1）不属于现金的依据：现金的定义中规定“不能随时用于支付的存款不属于现金”。票据保证金属于借款的质押物，和任何用于借款质押的银行存款一样，不论时间长短，都不能随时用于支付。

第（1）种观点，出自准则讲解中的列举，与准则对现金的定义存在冲突，“其他货币资金”不可能无条件的全部作为现金，故判断是否属于现金应以准则条文为准。

第（2）种观点，中注协讲解非强制标准。借款质押是强制性的，是否能用于支付不是公司能够控制的，不能理解为随时用于支付。

2）不属于现金等价物的依据：现金等价物定义中，现金等价物首先是“一种投资”或“闲置现金的存放方式”。保证金当然不属于投资，所以无论期限是否在 3 个月之内，都不属于现金等价物。

2. 保证金对现金流量表主表的影响

保证金在主表的列示，要分析保证金的流动路径，即要注意到期后银行是直接从保证金账户支付，还是原保证金到期退回再以其他账户资金支付。

（1）票据到期后直接动用保证金支付票据款。缴付保证金时，应区分所开具应付票据的用途，按照用途计入对应的现金流量表项目，如“购买商品、接受劳务支付的现金”“购建固定资产、无形资产和其他长期资产支付的现金”等。

（2）如果票据到期后原保证金退回，以另外来源的现金支付票据款。缴付保证金时，仅是单纯的质押，应作为“其他筹资活动”；保证金到期收回时，亦作为“其他筹资活动”。

3. 保证金对现金流量表附表的影响

（1）如果主表作为经营活动。如果直接将应付票据期末增加作为经营现金加回项目列入附表，则对应的保证金实际流出无法体现。处理方法之一，是把应付票据增加额中扣除支付的保证金增加额；处理方法之二，是保持应付票据增加额不变，把保证金增加额列入“其他”项。

（2）如果主表作为非经营活动。作为投资或筹资活动，对附表的处理都没有影响。

8.1.3　定期存款在现金流量中的列示

通常说的定期存款，包括银行存款中的定期存款（存单）和通知存款，定期存款的期限分三个月、半年、一年、二年、三年和五年，通知存款不约定存期，支取前提前通知银行，按提前通知的期限长短分为一天通知存款和七天通知存款。

定期存款是否界定为现金流量的现金，准则强调：不能随时支取的定期存款不应作为现金，提前通知金融机构便可支取的定期存款属于现金。对照准则，关键是确定定期存款是否可以随时支取。

1. 通知存款是否属于现金

通知存款提前一天或七天通知便可支取，显然是准则列举的提前通知金融机构便可支取的定期存款，属于现金。

2. 定期存单是否属于现金

定期存单是否属于“可以随时支取”的现金，实务中存在两种相反的处理方法。

（1）根据定期存单本身特征，可以随时支取。认为定期存单可以随时支取，主要是考虑存单本身的属性：只要承担定期和活期之间的利息损失，无论存单是多长期限，企业也可以随时支取。

这种观点下，定期存单属于现金。

（2）根据管理层持有意图和持有能力，定期存单不可以随时支取。持有定期存单，只有持有到期才能够取得固定的高利息，所以，一是从管理层持有意图看，定期存单是不准备提前支取的；二是从持有能力看，企业有足够的流动资金用于支付，没有必要提前支取定期存款。

这种观点下，定期存单成为一种投资，投资目的是获得投资收益，一经决策一般不能随时支取。所以定期存单不属于现金，从持有期限看，定期存单不短于 3 个月，也不属于现金等价物所定义的投资。

3. 两种处理方法对现金流量表的影响

（1）定期存单属于现金。存单本金的转入转出都不会带来现金流的变化；对于存单利息，和活期存款一样，作为“经营性现金流入”列示。

（2）定期存单不属于现金及现金等价物。在现金流量表中，存单本金的转入转出属于投资活动，应作为“投资活动现金流入和流出”列示；存单利息属于“投资活动产生的收益”。

与（1）比较，主表差异为：“经营性现金流”差异是存单利息，“投资性现金流”差异是存单本金的流入流出和存单利息；副表差异为：“财务费用”变动中应剔除定期存单产生的利息收入。

4. 两种方法的选择

两种方法在理论上都是可行的，从现金流量表的相关编制上，第一种方法简单，第二种方法比较复杂；第二种方法实际上是建立在对企业存单持有至到期能力的主观判断上，如果发生了定期存单提前支付的情况，将对“不可以随时支取”的判断产生一定的影响。

综上，建议在实务中优先运用第一种方法，即认定定期存款属于现金。

8.1.4　汇兑损益对现金流量表的影响

实务中，由于多数公司汇兑损益对现金流量表的影响看似不大，处理起来往往十分随意。实际上，汇兑损益对现金流量表的影响却是十分复杂的，对于外币收支较多的公司，处理不当也会导致现金流量表编制的严重错误。

1. 外币项目汇兑损益对现金流量表的影响

主要外币项目汇兑损益对主表和副表的影响如表 8-1 所示。

表 8-1 中的第 2 项，实务中主要指外币结汇和购汇损益，除第 2 条认为的“汇率变动对现金影响”外，其处理还有不同方法：根据外币来源或用途计入相关类型的现金流量，比如，销售收回的外币，结汇损益计入经营性现金，股东投入的外币，结汇损益计入筹资性现金。在这种情况下，需要根据性质按 4、6、8 的原则来进行处理。

2. “汇率变动对现金的影响额”的分析

主表中，该项目的构成有两个部分：

表 8-1 主要外币项目汇兑损益对主表和副表的影响

外币项目	主要报表科目	汇兑损益来源	序号	主表现金项目	附表财务费用	分析
货币资金	现金\银行存款\其他货币资金	期末折算	1	汇率变动对现金有影响	加回	影响净利润但不影响经营性现金流
		期间发生	2	汇率变动对现金有影响	加回	影响净利润但不影响经营性现金流
经营性货币资产	应收账款(不含非经营性)	期末折算	3	无影响	不加回	影响净利润，虽不影响经营性现金流，但通过往来款增减已抵消
经营性货币资产	应收账款(不含非经营性)	期间发生	4	销售产品经营性现金	不加回	影响净利润，同时影响经营性现金流
经营性货币负债	应付账款(不含非经营性)	期末折算	5	不影响	不加回	影响净利润，虽不影响经营性现金流，但通过往来款增减已抵消
		期间发生	6	购买商品支付经营性现金	不加回	影响净利润，同时影响经营性现金流
非经营性货币资产及负债	短期借款\长期借款\应收账款(非经营性)\应付账款(非经营性)	期末折算	7	不影响	加回	影响净利润，但不影响经营性现金流
		期间发生	8	筹资或投资性现金	加回	影响净利润，但不影响经营性现金流

注：以上分析，都将汇兑损益计入财务费用，未考虑可能存在的并不计入财务费用的情形。

（1）外币货币资金折算形成的汇兑损益（见上面分析）。

（2）外币现金流量表折算差额。外币报表现金流量表用发生时的即期汇率进行折算，而现金期末期初变动额却是用资产负债表日即期汇率计算，两者的差异即现金流量表的折算差额。

3. 外币报表折算对外币现金流量表的影响

外币报表的利润表和现金流量表的折算汇率是一致的，但和资产负债表并不一致，利润表与资产负债表的汇率差异最终体现为资产负债表中的“外币报表折算差额”。从结构看，折算差额可以分为三类：

（1）货币资金差额，形成“汇率变动对现金的影响额”；由于未计入经营性现金流量，也未计入利润表，所以不影响现金流量表的附表。

（2）应收、应付和存货项目差额，由于未形成现金流量，不影响主表，但附表中的应收、应付、存货增减项会有影响，处理时，一种方法是应收、应付的增减额中扣除汇率折算的影响，另一种方法是保持应收、应付、存货增减额不动，将汇率折算差额通过附表中的“其他”予以调整。

（3）其他资产 / 负债差额，未形成现金流量，不影响主表，亦对附表无影响。

4. 附注中应注意的钩稽关系

（1）报表存在外币的，现金流量表中必然存在‘汇率变动对现金的影响额’。

（2）存在“汇率变动对现金的影响额”的，附表财务费用中必然存在需要加回的汇兑损益。

（3）存在非经营性外币资产及负债的，附表财务费用中必然存在需要加回的汇兑损益。

（4）存在外币折算报表的，现金流量表中必然可以计算出“汇率变动对现金的影响额”。

（5）存在外币折算报表的，如果保持应收、应付、存货折算后增减额不动，则附表中的“其他”必然有调整金额。

总之，两张表（资产负债表和利润表）对现金的分类，与现金流量的处理口径是一致的；现金流量表主表的处理，与副表的处理口径也是一致的。基于此，对汇兑损益的分析首先需要具体到其在两张表中的来源，其次要分析相关项目在主表中的实际处理，并据此在副表中予以对应处理。

8.2　IPO 中的主要税务问题

8.2.1　纳税收入与会计收入的差异问题

纳税收入主要包括流转税纳税收入和企业所得税纳税收入，以销售商品的增值税一般纳税人为例，流转税收入体现于《增值税纳税申报表》，企业所得税收入体现于《企业所得税年度纳税申报表》。在很多 IPO 公司中，决定进行 IPO 之前会计报表主要用于纳税需求，往往采用开票确认收入的方法，并始终保持增值税和企业所得税申报的收入与原始报表上的会计收入一致。进入 IPO 程序后，增值税收入和企业所得税收入均应以其纳税规则确认，而收入确认则需要严格遵循企业会计准则的规定。

根据《增值税暂行条例实施细则》的规定，增值税主要采用销售结算方式来确认纳税义务，同时《国家税务总局公告 2011 年第 40 号》规定了“先开具发票的，为开具发票的当天”的开票即纳税原则。企业所得税中的收入依据《国家税务总局关于确认企业所得税收入若干问题的通知》的规定确认，从原则上与会计准则的收入确认方法基本相同，即在确认收入时以权责发生制为基础，注重商品风险转移，而不过多考虑结算方式。

基于上述纳税收入原则，如果不考虑可能存在的非增值税应税业务，增值税纳税收入与会计收入的确认原则分属两个不同体系，同一期间确认的收入结果存在差异是很正常的，而企业所得税纳税收入口径与会计收入往往是一致的，所以通常直接取自会计报表中的不同类别收入进行申报。

实务中，IPO 公司在纳税申报和确认收入方面应注意以下几点：

（1）坚持纳税与会计分离原则，纳税收入按纳税规则处理，会计收入按会计准则处理，存在持续的差异是正常的。如果仍然坚持开票确认，申报报表则需要对原始报表进行持续的差错更正，两者之间很可能会存在持续性的重大差异。

（2）应制定合理的核算规则，实时掌握纳税与会计确认的税金差异情况，对于提前开票和滞后开票的，确认收入时应进行调整，纳税不重不漏。

（3）对于产品销售业务，应坚持出货开票的原则，不提前或滞后开票，尽量减少增值税收入与会计收入之间的差异。

8.2.2 报告期内的补税问题

申报财务报表对原始报表进行的差错更正中，如果涉及收入和利润的调整，往往会有流转税和企业所得税的补缴问题。当期补缴前期税款，属于“自查补税”行为，除收取滞纳金外，税务主管部门一般不会进行处罚。

报告期内补税的性质和金额，决定了补税行为是否构成审核中的实质障碍，补税的性质和金额，是由相关会计差错的性质和金额所决定的。

1. 补税的性质

会计差错的性质，可以分为错误引起的差错和舞弊引起的差错两类。错误引起的差错，主要包括会计方法使用不当、会计未及时处理业务引起的跨期确认等所形成的差错；舞弊引起的差错，主要指前期由于避税的考虑，隐匿收入或虚构成本，导致收入和利润少计所形成的差错。错误引起的补税是容易理解的，但如果涉嫌前期逃税，那么补税的性质是比较恶劣的。

2. 补税的金额

如果补税金额超过相关期间应交税金的一半甚至更多，那么说明差错和补税具有重要性。从差错性质上看，错误还是舞弊有时候并不太容易界定，但正常的错误一般不会形成巨大的补税，补税金额过大，往往可以判断为与舞弊存在关联。

综合补税的性质和金额，金额过大的或明显源于舞弊的，一方面，不符合首发办法关于依法纳税的规定；另一方面，重大的补税源于重大的会计差错，而重大会计差错往往代表内部控制存在重大缺陷。

重大的补税实质上违反了首发办法的相关规定，往往会形成审核中的实质障碍，所以报告期内应尽量杜绝或减少差错更正和补税事项。

8.2.3 核定征收企业所得税问题

企业所得税的“核定征收”，是指由于纳税人应当设置但未设置账簿的，或者虽设置账簿，但账目混乱或者成本资料、收入凭证、费用凭证残缺不全，难以通过查账准确确定纳税人应纳税额时，由税务机关采用合理的方法依法核定纳税人应纳税款的一种征收方式。与核定征收相对应即是一般正规企业所采取的企业所得税“查账征收”。在实务中，一些企业在账册齐全的情况下，为尽可能地规避企业所得税，也存在核定征收企业所得税的情形，核定征收实际上变质成了一种变相的税收优惠。

对于 IPO 公司本身或其重要的子公司，如果报告期内存在核定征收，那么是否符合税法规定，是很难自圆其说的。

（1）如果自认为符合核定征收的条件，即是承认了账目混乱，无法准确核实收入费用等前提条件，那么公司的会计信息基础根本无从谈起，其提供的财务报表的真实性也无法保证。

（2）如果自认为内控有效，可以准确核实收入成本，那么就不符合核定征收的条件，未能依法纳税，有偷漏企业所得税的嫌疑。

实务中，凡核定征收的公司，由于成本费用对其纳税毫无意义，所以一般很难主动去建立有效的核算体系。

综上，报告期内，IPO 公司本身或其重要的子公司不能存在核定征收的情况，如果报告期外存在，则应在报告期第一年开始执行查账征收。此外，由于 IPO 公司自认为报告期外的财务也具有规范性，即隐含的意思是并不实质符合核定征收的条件，所以实务中往往需要对以前年度的核定征收按照查账征收的标准测算税收差额。该差额是否补缴，一是考虑发生的年度，如果年代久远，一般不需要再补缴，如果报告期外 2 年以内，则补缴的可能性较大；二是考虑税务主管部门的态度，如果税务部门认为公司的行为并不违规，亦不会再追缴税款，一般情况下也不需要再补缴。

8.2.4　税收优惠依赖问题

IPO 公司对税收优惠的依赖，主要是流转税中的增值税退税以及企业所得税的优惠税率，流转税中的增值税退税，包括销售软件产品退税、销售农业产品退税、销售军品退税，以及销售废旧物资退税等；所得税优惠，包括高新技术企业优惠税率、软件企业优惠税率，农业企业优惠税率、西部大开发企业优惠税率等。

首发办法规定，IPO 公司的各项税收优惠符合相关法律法规的规定，经营成果对税收优惠不能存在严重依赖。实务中，税收优惠依赖应关注下述几个方面。

1. 税收优惠的合法性

合法的税收优惠都明确有国家税务层面的文件依据，地方性的一些税收优惠政策并不符合法律法规，实质上属于地方财政的返还或奖励。尽管收到的税收优惠都计入营业外收入，但合法的税收优惠形成的营业外收入不属于非经常性损益，利润指标中无须扣除，不合法的税收优惠属于非经常性损益，利润指标中应予以扣除。

2. 税收优惠的持续性

税收优惠在可预见期间内可以持续享受，比如，持续满足高新技术企业资格而享受 15% 的企业所得税税率，国家长期扶持自主软件研发，故增值税返还政策能够持续享受等，能够有力地保证 IPO 公司的持续盈利能力。如果税收优惠不能持续，则可能对 IPO 公司的持续盈利能力在短期内造成不利影响。

3. 税收优惠占净利润的比例

对税收优惠的依赖，主要体现于其占净利润的比例。如果占净利润的比例超过一半甚至更高，或者高于同行业水平，且假定其未享受税收优惠的条件下，报告期内盈利能力较差甚至亏损，则很可能税收优惠依赖会成为审核过程中的实质性障碍。如果虽然占净利润比例比较高，但假定其未享受税收优惠的条件下，报告期内 IPO 公司仍然具有较强的盈利能力，则一般也不视作存在税收依赖。

8.2.5　整体改制中的个人所得税问题

整体改制中的个人所得税问题，参见第一部分 2.6 节“整体改制中的个人所得税问题”的相关论述。

8.2.6　高新技术企业所得税优惠的问题

大部分 IPO 公司具有高新技术企业证书，并在证书有效期内享受 15% 的所得税优惠税率。取得高新证书并持续享受税收优惠，主要满足四个量化的指标，包括大专以上员工占总员工的比例（30%）、研发人员占总人员的比例（10%）、研发费用占收入的比例（2 亿元以上不低于 3%、5 000 万元至 2 亿元不低于 4%、5 000 万元以下不低于 6%）、高新技术产品收入占总收入的比例（60%）。

招股说明书中，需要对报告期内 IPO 公司的员工结构（员工总数、员工按学历分类、员工按工作性质分类）、核心技术、研发项目和研发费用等作详细披露。通过披露，可以大致推测出部分核心指标（大专以上人员、研发人员、研发费）是否实质性满足高新技术企业的条件。实务中，部分 IPO 公司完全不考虑招股说明书中可能的信息披露，通过拼凑或作假取得了高新证书并享受了税收优惠，但 IPO 过程中却难以自圆其说，容易引起审核及社会舆论的质疑，故存在实质性的审核风险。

1. 审核中对高新技术企业资格的关注重点

审核过程中，对高新技术企业资格的关注点主要集中在是否实质性满足高新技术企业的条件，体现在三个方面：①高新技术企业资格取得是否符合条件；②高新证书有效期内是否持续满足高新条件；③高新技术企业复审是否能够满足条件。第一、二个条件如果不能满足，不但涉及因存在税收追缴风险而调整报表的可能，而且还存在骗取高新技术企业资格的行为，一旦界定为重大违法，就不符合上市条件了。同时，如果第二个条件不能够满足，那么第三个条件就很可能也不能满足了，未来失去享受优惠税率将大幅降低未来的业绩，并对持续盈利能力产生十分负面的影响。

2. IPO 中应把握的高新技术企业税收优惠要点

（1）高新企业相关文件真实完备。高新企业申请和年度备案的文件指高新企业认证的全套申请文件和每年到主管税务机关办理税收优惠的备案手续所提交的文件。税收备案文件包括：产品（服务）属于《国家重点支持的高新技术领域》规定的范围的说明；企业年度研究开发费用结构明细表；企业当年高新技术产品（服务）收入占企业总收入的比例说明；企业具有大学专科以上学历的技术人员占企业当年职工总数的比例说明、研发人员占企业当年职工总数的比例说明。

上述文件，要保证持续性的真实，才能与招股说明书中的披露持续相符。

（2）研发费用与财务记录一致。招股说明书披露的研发费用，与高新企业申报的研发费用数据上应该保持一致，并且存在明确可对应的财务账面来源。

具体到财务核算上，狭义的研发费用仅指管理费用科目下记录的研发费用，该研发费用与高新企业研发费用经常是不一致的，正常原因是统计口径差异造成的。在高新企业认证层面，其研发费用既可以在管理费用中核算，又可以在制造费用、生产成本及开发支出中核算。所以，招股说明书中披露的研发费用与管理费用中的数据不一致是正常的，关键是要清楚其在财务核算中是如何构成的。

实务中，一些地方税务主管部门要求高新认证研发费用必须与管理费用中的数据相等，否则不予优惠备案。某些公司为了能够符合要求，把本应记入成本或资产中的费用全部记入管理费用，造成会计核算失当，很可能歪曲了相关产品的毛利率或相关资产的成本。

（3）高新资格复审期间的税率选择。根据《国家税务总局公告 2011 第四号》规定：高新技术企业在通过复审之前，在高新技术企业资格有效期内，其当年企业所得税暂按 15% 预缴。但是，高新技术企业证书记载的有效期一般是在年度中间的某个时点，如果不能通过复审，即有效期到期的当年度并不能享受 15% 的优惠税率，前面已按优惠税率缴纳的应按 25% 的税率进行补缴。所以，在复审当年是否能最终享受 15% 的优惠税率，实质上是一个重要的会计估计。

IPO 实务中，对高新技术企业复核期间按 15% 还是 25% 的税率计提企业所得税，应根据重新取得高新技术企业认证的可能性确定，如重新取得认证的可能性很大，可以按 15% 的税率计提所得税；如果申报企业作为高新技术企业的主要条件已经丧失，此时所得税应按照 25% 的税率计提。

3. 持续满足高新技术企业资格的一些策略

在主要指标中，大专以上员工占总员工的比例是最刚性的，尤其是对于较传统的劳动密集型行业，人员多为制造工人，往往难以满足大学专科以上人员 30% 的规定。

针对这个问题，有两个可行的解决方案：①新设子公司，将部分加工业务转移至子公司，制造工人多转移至子公司，公司单独满足高新条件，子公司未来通过关联交易将利润适度地转移至公司；②对一些适合劳务派遣的公司和行业，可以与劳务公司签订合同，将部分制造工人改为劳务派遣，这些工人可以不界定为公司职工，所以可以通过减少人员数而提升大专以上人员比例。

8.3　IPO 财务否决问题的总结

自 2010 年起，证监会开始公开未核准公司的否决理由，在 IPO 实务界，除官方理由之外，几乎每个被否决项目都会流传各种否决原因的技术性分析，在讨论否决原因之前，需要明确以下三个基本原则。

1. 公开理由不一定是全部原因

证监会公开的理由，并不一定是被否决的全部原因，甚至也不一定是最致命的原因，但一定是被否决公司确实存在的、无可争议的问题，且这些问题都可以轻易地上升到发行办法中关于发行条件的条文规定。

2. 被否决往往是多个瑕疵综合影响的结果

从审核的角度，公司往往不同方面存在多个瑕疵，核准与否实质上体现了审核中对多个瑕疵综合影响的容忍度。一些关键性问题，如持续盈利能力的重大不确定性，只要存在就很难被容忍，但更多的情况下，被否决往往并不是存在一击致命的问题，而是多个瑕疵综合影响的结果。一个前景广阔、业绩优良的公司，审核中对相关瑕疵的容忍度肯定会高很多。

3. 被否决理由是需要重点关注的问题

IPO 公司存在和案例中否决原因相同或相似的问题，并不代表公司一定会被否决，但相关问题在审核过程中一定会被重点关注。最好的情况，是能够在报告期内杜绝相同或类似的问题，已经发生的，则在报告期内要早日解决，彻底消除影响。

根据证监会公布的未核准公司的否决理由，通过总结否决案例中的相关财务问题，否决原因大致可以归纳为持续盈利能力问题、关联交易问题、内控缺陷问题、会计处理失当等四大财务问题。除上述问题外，IPO 公司财务信息存在财务操纵的嫌疑，也是被否决的一个重要原因。

8.3.1 持续盈利能力问题

主板上市办法第三十七条和创业板上市办法第十四条均列举了对持续盈利能力构成重大不利影响的六种情形。持续盈利能力问题的根源是受经营情况的影响，公司主业经营不佳，经营不够稳定或出现了不利变化，体现在财务信息上则是盈利能力较差，呈现不稳定或下降态势。无论是主板还是创业板，持续盈利能力问题都是被否决的第一大原因。

1. 持续盈利能力的根源是经营状况

经营情况受外部环境和内部环境的共同影响，外部环境主要是指行业面临的整体环境；内部环境主要指公司内部资源及内部管理能力。

（1）外部环境影响。外部环境影响包括：受上游或下游行业变化的影响，行业的市场空间、主要产品或原有的生产方式随之发生重大变化；行业中出现新产品、新技术或新商业模式的革命性变化；行业中竞争态势出现了重大变化，潜在竞争对手进入或原有竞争优势对手的崛起，将极大压缩行业内其他公司的市场空间。

在行业环境已发生变化的情况下，如不能引领或迅速适应这种变化，公司在行业内将很快被边缘化，而最终导致经营情况出现重大不利变化。

对于周期性行业，行业整体呈现出周期性变化，如果仅在周期性波谷中盈利能力下降，但在同行业中仍能够保持竞争优势，则不能认为经营情况出现重大不利变化。

（2）内部环境影响。内部环境影响包括：公司的核心业务或主要产品竞争力不足，获取利润的能力依赖于除主营业务之外的投资收益和国家税收优惠等，不具有持续稳定性；经营获取利润的能力依赖于关联方，或过于集中于特定客户、特定供应商；受内部管理水平的影响，呈现产品售价下降或成本上升而导致毛利率持续下降趋势，或呈现应收账款周转率和存货周转率下降趋势；公司生产经营所依赖的商标、核心技术等重要资源存在较大的不确定性。

2. 财务会计信息体现的持续盈利能力

持续盈利能力体现在盈利水平、盈利结构和盈利趋势三个方面，盈利水平是“血肉”，盈利结构是“骨架”，而盈利趋势则是“灵魂”。

（1）盈利水平较高，体现为报告期内扣除非经常损益后的净利润较高，说明公司未来抗风险能力越强，上市后出现业绩“变脸”甚至亏损的可能性较小。

（2）盈利结构合理，体现为收入结构中，经营模式、产品结构和客户结构都比较稳定；营业利润结构中，营业利润主要来自主营毛利，对投资收益等不具有重大依赖；净利润结构中，净利润对税收优惠、政府补助等非经常性损益不存在重大依赖。此外，应关注净利润中的现金结构，即现金流量表中经营性净现金流量占利润表中的净利润的比重，比重越高，说明盈利的质量越高。

（3）盈利趋势良好，体现在盈利水平上，则是业绩持续增长，毛利率水平稳定或持续增长；体现在盈利结构上，则是利润来源依赖于主营业务，收入结构和利润结构具有连续性和稳定性，不具有已知或潜在的重大风险。

报告期内，财务数据表现出盈利水平较差，盈利结构不具有稳定性，或对投资收益、税收优惠、政府补助存在重大依赖，盈利的含金量不高等，都会对持续盈利能力造成重大不利影响。

此外，无合理解释的盈利指标异常，也会对持续盈利能力的判断产生不利影响。比如，毛利率远高于同行业水平，费用率远低于同行业水平等。

3. 持续盈利能力的审核趋势

淡化对 IPO 公司盈利能力的判断是监管部门的审核趋势，可以预见，持续盈利能力问题未来很可能不会再作为否决理由。但这并不意味着盈利能力不再重要，而是交由保荐机构进行审核并进行专业判断，而监管部门则通过对信息披露及上市当年业绩的监管来保证其尽职尽责。

8.3.2 关联交易问题

1. 关联方的定义

根据《关于进一步提高首次公开发行股票公司财务信息披露质量有关问题的意见》（证监会公告 [2012]14 号）的要求，拟上市公司应严格按照《企业会计准则 36 号——关联方披露》《上市公司信息披露管理办法》和证券交易所颁布的相关业务规则中的有关规定，完整、准确地披露关联方关系及其交易。即 IPO 财务报告中的关联方界定有所扩展，同时兼顾了会计准则和证券监管规定的要求，并取两者的“并集”作为关联方认定的范围。

信息披露办法与交易所相关业务规则关于关联方的定义是一致的，信息披露办法的定义中，关联人包括关联法人和关联自然人；会计准则则以是否存在“控制、共同控制或重大影响”作为关联方的认定标准。信息披露管理办法与会计准则的关联方差异如表 8-2 所示。

表 8-2　信息披露管理办法与会计准则的关联方差异

不同方面	信息披露管理办法	会计准则
对不具有控制和共同控制关系的股东的关联方认定	直接或间接持有上市公司 5% 以上股份的自然人、法人或者其一致行动人	施加重大影响的投资方。根据会计准则，重大影响体现为在被投资单位的董事会或类似权力机构中派有代表
管理人员范围的界定	董事、监事和高级管理人员	关键管理人员，主要包括董事长、董事、董事会秘书、总经理、总会计师、财务总监、主管各项事务的副总经理
关系密切的家庭成员范围的界定	配偶、父母、子女及其配偶、兄弟姐妹及其配偶、配偶的父母和兄弟姐妹、子女配偶的父母	父母、配偶、兄弟、姐妹和子女
母公司层面的关联方界定	母公司董、监、高担任董事、高级管理人的法人	母公司关键管理人员担任管理人员的法人未界定为关联方
	母公司董、监、高的关系密切的家庭成员未界定为关联方	母公司关键管理人员关系密切的家庭成员

除列举的关联方之外，信息披露管理办法和会计准则均规定了关联方认定的保底条款，强调从实质关系上认定关联方，故 IPO 财务报告中关联方的认定是非常广泛的。比如，根据规则，子公司的参股股东不构成 IPO 公司的关联方，但某些情况下重要子公司的持股比例较高的参股股东亦需要作为关联方披露。

2. 关联交易

首发办法中关于关联交易的规定包括：与控股股东、实际控制人及其控制的其他企业间不得有同业竞争以及严重影响公司独立性或者显失公平的关联交易；应完整披露关联方关系并按重要性原则恰当披露关联交易；关联交易价格公允，不存在通过关联交易操纵利润的情形；不存在为控股股东、实际控制人及其控制的其他企业进行违规担保的情形；不得有资金被控股股东、实际控制人及其控制的其他企业以借款、代偿债务、代垫款项或者其他方式占用的情形。

除担保和资金占用之外，与关联方的关联交易并不是完全禁止的，但需要重点关注交易的重要性、交易的公允性、交易的真实性、交易的内控程序、交易的必要性及未来趋势。

（1）交易的重要性。交易的重要性体现在性质和交易比重两个方面，关联交易可以划分为持续性关联交易和偶发性关联交易，持续性关联交易，尤其是在销售、采购等核心业务环节发生的经常性关联交易在性质上是重要的。交易比重指关联交易占同类交易金额的比例，目前审核中已没有 30% 的硬性规定，更强调从交易性质去判断重要性。

发生在核心业务环节的，比重较大的关联交易对 IPO 公司的独立性有一定影响。

（2）交易的公允性。关联交易的不公允，将会带来利润输送的问题，论证公允性可选择的方法包括：同类或近似产品既有关联方交易又有非关联方交易的，直接对比关联方与非关联方交易的价格；不存在同类非关联方交易的，通过说明关联交易价格的生成机制，如运用成本加成法定价等，分析并论证定价方法的合理性；此外，还可以通过分析关联方之间通过关联交易各自获取的收益水平的合理性，间接论证关联交易价格的公允性。

（3）交易的真实性。通过操纵关联交易，可以轻易地提升 IPO 公司的业绩，所以，关联交易的真实性也是一个关注要点。通过论证关联方的生产经营与关联交易的相关性，检查内部控制中的第三方证据，核实关联方的再销售情况等，可以证实关联交易的真实性。

（4）交易的内控程序。健全的内控程序是保证关联交易合规的基础，IPO 公司必须制定关联交易的内控制度，重点是关联交易的审议规则、审批权限等。对于股权或其他重大资产的交易，应该履行审计、评估程序并明确作价的依据。

（5）交易的必要性及未来趋势。如果关联方是正常的供应商或客户，在关联交易不具有重要性的前提下，与关联方发生程序完善、价格公允的关联交易是没有问题的，没有必要通过禁止来解决。但从趋势上，随着交易总量的增长或交易对象的分散，关联交易的比重应该逐步下降。

一般情况下，不宜通过关联交易非关联化的方式来消除关联交易。所谓非关联化，指通过股权转让、高管辞职等方式解除关联方关系，进而消除关联交易。非关联化后，相关交易很可能仍然持续发生，其解除关联方的真实性容易引起质疑。

8.3.3　内控缺陷问题

IPO 公司常见的内控缺陷，通常表现在重大会计差错、业务违法违规、未遵循业务流程、关联交易未有效控制等几个方面。

对内控缺陷的论述和案例分析参见第二部分“建立有效的内部控制”中的内容。

8.3.4　会计处理失当

具有重要性的会计处理失当，会导致申报财务报表存在重大差错，不满足首发办法关于“财务报表的编制符合企业会计准则和相关会计制度的规定”的要求。会计处理失当，包括会计方法具体运用中的错误，例如，对应选择净额法确认收入的业务错误运用了总额法；对应在一定期间内分次确认的收入按一次性确认进行了处理。也包括未对一些比较隐蔽的业务进行会计处理，比如，对某些金融衍生工具仍作为表外事项未进行会计处理；高危行业企业未按规定计提安全生产费用。

对于不易把握的会计处理，应尽可能对照同行业上市公司的处理方法，无可供参考处理案例的，应根据会计的原则性规定，并尽可能运用谨慎的会计方法。

8.3.5 存在财务操纵嫌疑

财务舞弊和过度的业绩粉饰，共同构成IPO过程中的财务操纵。IPO公司操纵申报报表，主要以虚增报告期内的利润为目的，IPO公司操纵原始报表，则往往是以偷逃税款为目的。尽管公开的否决理由中一般不会出现因财务舞弊被否决的表述，但如果IPO公司无法消除其存在财务操纵的嫌疑，那通过审核的概率是很小的；如果IPO原始报表存在舞弊，则往往涉及内控缺陷和税收重大违法，同样会形成审核中的重大障碍。

对财务操纵的论述可参见第四部分“规避财务操纵的嫌疑”中的内容。

审核案例中，由于存在财务问题被否决的IPO公司占有较大比重，为更好地理解财务审核中否决常见问题，表8-3列示了近期由于存在财务问题被否决的部分案例。[1]

[1] 被否决公司和否决理由均来源于中国证监会网站 www.csrc.gov.cn。

表 8-3　近期由于存在财务问题被否决的部分案例

公司	否决情况	核心问题	具体问题
安徽铜都阀门股份有限公司	2012 年 5 月 25 日被创业板发审委否决，公布的原因为：你公司所处行业市场竞争激烈，小口径阀门毛利率呈下降趋势，依靠大口径阀门销量不断上升，弥补小口径毛利率逐年下降的影响；报告期内你公司占比 50% 以上的产品销往污水处理领域，污水处理工程所用大口径、超大口径阀门多，而我国城镇日污水处理能力自 2009 年以来增速明显放缓；2011 年营业收入增长 2 231 万元，应收账款原值增加 2 176 万元。上述事项对你公司的持续盈利能力构成重大不利影响。上述情形与《首次公开发行股票并在创业板上市管理暂行办法》(证监会令第 61 号）第十四条第六项的规定不符	持续盈利能力问题	1. 主要产品毛利率持续下降 2. 主要产品的市场出现不利变化 3. 应收账款增长高于营收增长，盈利质量下降 4. 应收账款增长高于营收增长，存在财务操纵迹象
广东利泰制药股份有限公司	2012 年 5 月 11 日被发审委否决，公布的原因为：你公司产品主要以玻瓶、塑瓶包装大输液为主。国家药监局 2010 年发布的《医药科技发展规划》和国家发改委 2011 年公布的《产业结构调整指导目录（2011）》要求尽快部分淘汰玻璃瓶输液并将二步法生产输液用塑料瓶生产装置列为限制类。非 PVC 软袋大输液为行业发展趋势，且属于国家鼓励类产品。从行业发展趋势来看，玻瓶、塑瓶包装大输液持续受到来自非 PVC 软袋大输液的替代冲击。尽管非 PVC 软袋包装氨基酸大输液作为你公司的主要募投项目，但玻瓶、塑瓶包装大输液与非 PVC 软袋包装氨基酸大输液差异较大且你公司尚未取得非 PVC 软袋包装氨基酸大输液的 GMP 认证，你公司是否具备非 PVC 软袋包装氨基酸大输液产品的生产能力存在一定的不确定性。此外，你公司主要产品普洛氨 2009 ～ 2011 年毛利率分别为 55.75%、59.37% 和 60.04%，远高于同行业可比上市公司水平；你公司 2009 ～ 2011 年销售费用率分别为 6%、5.13% 和 5.3%，远低于同行业可比上市公司水平。上述情形与《首次公开发行股票并上市管理办法》（证监会令第 32 号）第三十七条的规定不符	持续盈利能力问题	1. 行业中新产品替代的不利变化 2. 毛利率和销售费用率财务指标异常，无法判断可持续性 3. 募投项目不具备可行性 4. 毛利率和销售费用率财务指标异常，存在财务操纵迹象
广西丰林木业集团股份有限公司	2010 年 8 月 30 日被发审委否决，公布的原因为：你公司 2007 ～ 2009 年营业利润分别为 10 155 万元、6 223 万元和 4 770 万元，营业利润处于持续下降趋势。2007 ～ 2009 年增值税即征即退金额分别为 4 551.34 万元、2 574.34 万元和 2 911.97 万元，增值税即征即退金额占你公司净利润比重较高。2010 年增值税即征即退比率由 100% 降为 80%，增值税即征即退比率下降将对你公司未来业绩造成一定的影响。你公司持续盈利能力存在不确定性，且你公司经营成果对税收优惠存在严重依赖。上述情形与《首次公开发行股票并上市管理办法》(证监会令第 32 号）第三十四条、第三十七条的规定不符	持续盈利能力问题	1. 盈利水平持续下降 2. 税收政策产生不利变化 3. 对税收优惠存在重大依赖

（续）

公司	否决情况	核心问题	具体问题
深圳市东方嘉盛供应链股份有限公司	2010年9月13日被创业板发审委否决，公布的原因为：报告期内，你公司远期外汇合约收益总额占当期利润总额的比例分别为19.16%、44.86%、44.22%和65.65%，该远期外汇合约交易是以赚取收益为目的的投资行为，且受客观因素影响，远期外汇交易收益能否持续并保持稳定具有重大不确定性；报告期内，你公司向前五大客户提供服务而取得的备考收入占备考收入总额的比例分别为70.76%、52.90%、73.12%、71.42%，且服务协议采用一年一签的形式，未来能否持续稳定获得主要客户的服务合同具有不确定性。上述事项对你公司持续盈利能力构成重大不利影响。上述情形不符合《首次公开发行股票并在创业板上市管理暂行办法》第十四条第六款的有关规定	持续盈利能力问题	1. 业绩依赖于不具有稳定性的投资收益 2. 对前五大客户存在依赖，且重要客户不稳定
重庆金冠汽车制造股份有限公司	2011年3月16日被发审委否决，公布的原因为：根据招股说明书的披露，防弹运钞车销售是你公司收入的主要来源之一，2008年中国农业银行是你公司第一大客户，向你公司采购防弹运钞车653辆，采购金额11 726.44万元，占你公司当期销售收入的32.08%；2009年、2010年，你公司向中国农业银行销售防弹运钞车119辆、20辆，实现收入2 297.86万元、319.83万元，仅占当期销售收入的5.75%、0.86%。向中国农业银行销量、收入的大幅减少导致2009年防弹运钞车销量、销售收入大幅下降，2009年你公司防弹运钞车总销量为895辆、销售收入17 382.78万元，分别较上年下降37.5%、31.53%，销售收入占营业收入的比重也由69.45%下降至43.51%。同时，2009年，你公司系统集成车及其他专用车占营业收入的比重由27.34%增至50.18%，系统集成车取代防弹运钞车，成为你公司收入的主要来源。2010年你公司营业收入较上年下降2 883万元，降幅7.22%，其中系统集成车及其他专用车的销量为247辆，较上年下降165辆，销售收入较2009年下降6 631.12万元。根据以上情况，从2009年起，你公司的产品结构及销售客户均出现重大变化，且向新客户的产品销量、销售收入在2010年出现较大幅下降，对你公司持续盈利能力构成重大不利影响。发审委认为，上述情形与《首次公开发行股票并上市管理办法》（证监会令第32号）第三十七条的规定不符	持续盈利能力问题	1. 产品和客户结构均出现重大变化，报告期内不具有稳定性 2. 结构变化后产生下降趋势

山东舒朗服装服饰股份有限公司	2011 年 4 月 20 日被发审委否决，公布的原因为：你公司 2008 ～ 2010 年新开店铺分别为 65 家、96 家和 213 家，导致报告期存货金额大幅增长，存货周转率远低于同行业上市公司平均水平，产品产销率和直营店销售平效逐年降低。本次募集资金投资项目之一“营销网络建设项目”拟投资 18 744 万元新开 380 个直营店。根据以上情况，其未来持续盈利能力存在重大不确定性。上述情形与《首次公开发行股票并上市管理办法》（证监会令第 32 号）第三十七条的规定不符	持续盈利能力问题	1. 生产经营指标逐年降低，经营管理能力低于同行业水平 2. 募投项目不具备可行性
武汉武桥重工集团股份有限公司	2011 年 11 月 14 日被创业板发审委否决，公布的原因为：报告期内，宏观经济政策调整以及基础工程建设投资趋缓，你公司应收账款持续增加，预收账款大幅减少，经营性活动产生的现金流量净额与净利润不匹配，对你公司持续盈利能力构成重大不利影响。上述情形与《首次公开发行股票并在创业板上市管理暂行办法》（证监会令第 61 号）第十四条第六项的规定不符	持续盈利能力问题	1. 主要产品的市场不利变化 2. 应收账款持续增加，净利润与经营性现金流不匹配，盈利质量下降 3. 净利润与经营性现金流不匹配，存在财务操纵迹象
深圳市脉山龙信息技术股份有限公司	2010 年 5 月 17 日被创业板发审委否决，公布的原因为：报告期内，申请人发生重大会计差错更正，调减 2007 年度并计入 2008 年度主营业务收入 1 182.6 万元，占当期主营业务收入的比例分别为 21.8%、13.12%；调减 2007 年度并计入 2008 年度净利润 517.7 万元，占当期净利润的比例分别为 42.49%、40.06%，且该调整事项发生在申请人变更为股份公司之后，说明申请人会计核算基础工作不规范，内部控制制度存在缺陷。上述情形不符合《首次公开发行股票并在创业板上市管理暂行办法》第二十条、第二十一条的有关规定	内控缺陷	1. 重大会计差错 2. 差错更正对满足上市条件有实质性影响，存在财务操纵迹象
北京合纵科技股份有限公司	2011 年 11 月 25 日被创业板发审委否决，公布的原因为：你公司因 2008 年度及 2010 年 1 ～ 6 月原始财务报表存在不符合收入确认原则和关联交易统计不完整导致合并报表内部交易抵消不彻底的情况，对申报财务报表进行了重大会计差错更正，使申报财务报表与原始财务报表产生重大差异。其中最近一个会计年度中，2010 年 1 ～ 6 月因跨期收入调整主营业务收入 290 918.20 元，调整应收账款 16 707 788.74 元，因未实现内部销售利润抵消错误调整销售利润 -1 352 975.90 元。上述事项说明你公司会计核算基础工作不规范，内部控制制度存在缺陷。创业板发审委认为，上述情形与《首次公开发行股票并在创业板上市管理暂行办法》（证监会令第 61 号）第二十条、第二十一条的规定不符	内控缺陷	1. 重大会计差错 2. 会计核算不规范

（续）

公司	否决情况	核心问题	具体问题
上海来伊份股份有限公司	2012 年 7 月 27 日被发审委否决，公布的原因为：根据申请材料，报告期内你公司多次因产品质量问题被有关部门处罚。2012 年 4 月 24 日晚，央视二套《消费主张》栏目《3.15 在行动——美味蜜饯这样生产》节目报道你公司及部分供应商产品质量存在问题。节目播出后，你公司销售收入明显下降，第二季度处于亏损状态。你公司的内部控制存在缺陷，且对你公司经营产生重大不利影响。发审委认为，上述情形与《首次公开发行股票并上市管理办法》(证监会令第 32 号）第二十四条的规定不符	内控缺陷	1. 采购管控不利导致出现质量违法的结果 2. 业绩下降趋势，影响持续盈利能力
江苏玉龙钢管股份有限公司	2010 年 8 月 23 日被发审委否决，公布的原因为：你公司招股说明书披露，报告期内存在开具没有真实交易背景的银行承兑汇票，向股东和管理层及部分员工借款且金额较大，关联交易决策程序未完全履行，董事变动频繁等情况。由于上述情形，难以判断你公司是否能够规范运行。发审委认为，上述情形与《首次公开发行股票并上市管理办法》（证监会令第 32 号）第二十四条的规定不符	内控缺陷	1. 直接从事违法业务 2. 关联借款未履行决策程序 3. 关键管理人员变动频繁
青岛亨达股份有限公司	2011 年 8 月 17 日被发审委否决，公布的原因为：根据申报材料及你公司和保荐代表人的现场陈述，你公司的内部控制制度存在缺陷或者未能得到有效执行。例如，你公司在申报期存在未签署《房屋买卖合同》即向自然人预付购房款的情形。截至 2011 年 6 月底累计预付购房款 12 175.56 万元，而你公司向自然人所购房产全部处于出租状态，你公司尚未取得房产租赁人放弃在同等条件下优先购买所租房产的书面声明。你公司能否取得该等房产的权属存在不确定性，该等情形将可能导致你公司的经营计划调整。发审委认为，上述情形与《首次公开发行股票并上市管理办法》（证监会令第 32 号）第二十四条的规定不符	内控缺陷	1. 重要支出未履行内控程序 2. 重要资产的权属存在法律瑕疵 3. 结合行业特点和大额预付款情况，存在财务操纵迹象
陕西同力重工股份有限公司	2011 年 12 月 23 日被创业板发审委否决，公布的原因为：2008 ～ 2010 年，你公司与关联方上海同岳、风润新能源、汇赢投资及与其有密切关系的上海众合、纵阖科贸、浙江同岳、黄工格力特之间存在大量非经营性资金往来，且未签署书面合同；2008 年和 2009 年，你公司与关联方上海同岳存在设备融资租赁交易。你公司在股份公司成立前后均未就上述事项履行董事会、股东（大）会等决策程序，说明你公司法人治理结构不完善，内部控制存在缺陷。创业板发审委认为，上述情形与《首次公开发行股票并在创业板上市管理暂行办法》(证监会令第 61 号）第十九条、第二十一条的规定不符	内控缺陷	1. 关联方占用资金 2. 关联交易未履行决策程序

广东通宇通讯股份有限公司	2012 年 4 月 25 日被发审委否决，公布的原因为：根据申报材料，你公司实际控制人报告期内存在通过 11 家单位占用你公司资金的行为，且实际控制人未向你公司支付资金占用费；你公司于 2010 年 5 月分别补缴 2007 年度企业所得税 20 732 407.42 元、2008 年度企业所得税 5 028 086.99 元，并缴纳滞纳金共 8 364 314.30 元。你公司未在申报材料和现场聆讯中对内部控制制度是否健全且被有效执行做出充分合理的说明。发审委认为，上述情形与《首次公开发行股票并上市管理办法》（证监会令第 32 号）第二十四条的规定不符	内控缺陷	1. 实际控制人占用资金 2. 不具有合理性的大额补税
新乡日升数控轴承装备股份有限公司	2012 年 5 月 22 日被创业板发审委否决，公布的原因为：实际控制人于省宽等原国有企业新乡机床厂领导、管理人员共同出资设立了新机股份等众多从事机械、机械零配件铸造及机加工业务的公司（下称“关联企业”）和你公司，多数与新乡机床厂有业务、人员上的承继关系；报告期关联企业与你公司持续存在多项关联交易，交易的必要性存疑。你公司的独立性存在瑕疵。上述情形与《首次公开发行股票并在创业板上市管理暂行办法》（证监会令第 61 号）第十八条的规定不符	关联交易问题	1. 关联交易的必要性存疑 2. 关联交易具有重要性，存在独立性问题
深圳麦格米特电气股份有限公司	2012 年 4 月 18 日被发审委否决，公布的原因为：TCL 为你公司第二股东，合计持有公司 17.84% 股份。报告期内你公司向 TCL 采购原材料并向其销售平板电视等定制电源，其中向 TCL 销售产品的金额分别为 1 683.38 万元、2 709.02 万元和 1 856.34 万元，其销售价格比销售给第三方的同类产品价格分别高 3.25%、14.11% 和 16.29%。TCL 采购你公司大尺寸平板电视定制电源与向第三方采购类似产品价格相比，2009 年高 11.29% ～ 12.78%，2010 年高 8.86% ～ 10.31%，2011 年不存在可比产品。此外，你公司客户中兆驰股份、康冠技术和珠海金品电器均为向 TCL 提供贴牌电视产品的生产商，报告期内你公司向三家企业销售额的合计占比分别为 28.45%、27.17% 和 9.36%。你公司在申报材料和现场聆讯中未就上述交易的定价依据及其公允性做出合理说明。上述情形与《首次公开发行股票并上市管理办法》（证监会令第 32 号）第三十二条的规定不符	关联交易问题	1. 报告期内持续性关联交易比重较大 2. 对关联方销售和采购的价格公允性存在问题
苏州苏大维格光电科技股份有限公司	2010 年 9 月 29 日被创业板发审委否决，公布的原因为：根据申报材料，你公司报告期内与同一关联方控制的企业在原材料采购、产品销售等诸多方面存在关联交易，且关联交易是否严重影响你公司独立性及关联交易价格是否显失公允难以判断。你公司不符合《首次公开发行股票并在创业板上市管理暂行办法》第十八条的规定	关联交易问题	1. 关联交易是否影响独立性无法判断 2. 关联交易是否公允无法判断

（续）

公司	否决情况	核心问题	具体问题
安徽富煌钢结构股份有限公司	2010 年 11 月 3 日被发审委否决，公布的原因为：按照财政部、国家安全生产监督管理总局《高危行业企业安全生产费用财务管理暂行办法》规定，建筑施工企业安全生产费用以建筑安装工程造价为计提依据，计提比例为 2%。财政部《关于做好执行会计准则企业 2008 年年报工作的通知》（财会函 [2008]60 号）、《企业会计准则解释第 3 号》等相关规定对计提安全生产费用的会计处理和列报进行了规范。你公司主要从事钢结构的设计、制造与安装。根据招股说明书的披露，你公司的业务属于需按上述规定提取安全生产费用的范围。你公司未按上述规定提取安全生产费用，未能公允地反映你公司报告期内的财务状况。上述情形与《首次公开发行股票并上市管理办法》（证监会令第 32 号）第三十条的规定不符	会计处理失当	未按规定计提安全生产费
汉嘉设计集团股份有限公司	2012 年 4 月 18 日被发审委否决，公布的原因为：你公司主要从事建筑工程设计业务。你公司招股说明书（申报稿）在披露建筑工程设计成本核算方法时称，对于项目直接费用的计提依据是每个项目的完工百分比乘以项目的预估总直接费用，减去之前会计年度累计已确认的成本。但根据反馈意见回复，你公司在实际进行成本核算时，未按照上述披露的方法对建筑工程设计成本中的项目直接费用进行核算。上述情形与《首次公开发行股票并上市管理办法》（证监会令第 32 号）第三十条的规定不符	会计处理失当	未按披露的成本确认方法确认成本

第9章 二次过会案例分析

9.1 丰林集团：两次申报的持续盈利能力问题⊖

9.1.1 案例公司相关背景

丰林集团全称“广西丰林木业集团股份有限公司”，是上交所主板上市公司，股票代码“601996”。丰林集团曾经两次向证监会递交 IPO 申请：2010 年 8 月，公司第一次公布《首次公开发行股票招股说明书》（申报稿），但未能通过发审委审核；2011 年 7 月，公司第二次公布《首次公开发行股票招股说明书》（申报稿），最终通过审核并于 2011 年 9 月成功上市。

⊖ 本节相关表述和分析所依据的资料来源于丰林集团第一次申报稿招股说明书和第二次申报稿招股说明书以及不予核准决定。第一次申报稿招股说明书和第二次申报稿招股说明书及不予核准决定均来源于中国证监会网站 www.csrc.gov.cn。

公司是中国最大的“林板一体化”木业集团之一，业务领域涵盖人造板和营林造林两大板块。公司的主导产品为中（高）密度纤维板，主要应用于家具板、门板、地板、建筑装饰、音箱和包装等行业。

9.1.2　两次申报的持续盈利能力情况

1. 第一次申报的持续盈利能力问题

公司第一次申报未能通过审核，证监会《关于不予核准广西丰林木业集团股份有限公司首次公开发行股票申请的决定》中公布的原因如下：

你公司 2007 ～ 2009 年营业利润分别为 10 155 万元、6 223 万元和 4 770 万元，营业利润处于持续下降趋势。2007 ～ 2009 年增值税即征即退金额分别为 4 551.34 万元、2 574.34 万元和 2 911.97 万元，增值税即征即退金额占你公司净利润比重较高。2010 年增值税即征即退比率由 100% 降为 80%，增值税即征即退比率下降将对你公司未来业绩造成一定的影响。你公司持续盈利能力存在不确定性，且你公司经营成果对税收优惠存在严重依赖。

（1）公司的营业利润趋势。报告期内，公司利润来源情况如表 9-1 所示。

表 9-1　公司利润来源情况　　（单位：万元）

项目	2010 年 1 ～ 6 月	2009 年	2008 年	2007 年
主营业务利润	8 635.79	16 476.93	14 295.07	16 396.56
营业利润	3 272.07	4 769.69	6 223.29	10 154.61
营业外收支净额	4 591.01	2 969.63	2 228.15	4 0 22.83
利润总额	7 863.08	7 739.32	8 451.43	14 177.44
归属母公司普通股股东的净利润	7 840.18	7 077.51	6 004.94	8 709.05

报告期内，公司营业利润自 2007 年度起呈下降趋势，主要是由于金融危机导致 2008 年 9 月以来纤维板需求的下降，从而影响到公司产品的销售与营业利润。2010 年 1 ～ 6 月随着纤维板行业的整体复苏，公司纤维板销售价格、销售数量同比有所增长，营业利润也呈恢复增长态势。

近三年公司营业利润变动情况与同行业上市公司平均数变动趋势基本一致。

（2）公司存在的增值税税收优惠。公司主要税收优惠为主要产品的增值税退税优惠，报告期内，公司以林区三剩物和次小薪材为原材料生产销售的中密度纤维板产品享受增值税即征即退政策，退税比例 2007 年、2008 年和 2009 年为 100%，2010 年为 80%。

报告期内公司取得的增值税即征即退情况具体如表 9-2 所示。

表 9-2　公司取得的增值税即征即退情况

项目	2010 年 1 ～ 6 月	2009 年	2008 年	2007 年
增值税即征即退金额（万元）	4 534.56	2 911.97	2 574.34	4 551.34
净利润（万元）	7 840.18	7 321.82	8 258.25	13 410.93
比例（%）	57.84	39.77	31.17	33.94

（3）持续盈利趋势。随着行业回暖，公司纤维板产品销售价格持续上升，主营业务毛利率在较高水平保持稳定，公司盈利水平持续稳定增长。

若国家不再延续增值税退税政策或者进一步降低退税比率，将对整个纤维板行业产生不利影响，造成纤维板行业利润普遍下滑，亦会对公司短期经营业绩造成不利影响。

2. 第二次申报的持续盈利能力问题

（1）公司的营业利润趋势。报告期内，公司利润来源情况如表 9-3 所示。

表 9-3　公司利润来源情况　　（单位：万元）

项目	2010 年	2009 年	2008 年
主营业务利润	16 372.60	16 476.93	14 295.07
营业利润	5 882.82	4 769.69	6 223.29
营业外收支净额	4 977.63	2 969.63	2 228.15
利润总额	10 860.45	7 739.32	8 451.43
归属母公司普通股股东的净利润	11 290.09	7 077.51	6 004.94

报告期内，公司的利润来源主要为主营业务利润以及增值税即征即退收入。公司主营业务利润主要源自纤维板产品销售以及林木销售产生的利润。由于金融危机导致 2008 年 9 月以来纤维板需求的下降，从而对公司产品的销售与营业利润有一定的影响；2010 年度，随着纤维板行业的整体复苏，公司纤维板销售价格、销售数量同比有所增长，营业利润也呈恢复增长态势。

纤维板产品销售增值税即征即退收入是公司利润来源的另一重要组成部分。

报告期内，公司营业利润变动趋势与同行业上市公司的平均变动数变动趋势基本一致。

（2）公司存在的增值税税收优惠。报告期内公司取得的增值税即征即退情况如表 9-4 所示。

表 9-4　公司取得的增值税即征即退情况

项目	2010 年	2009 年	2008 年
增值税即征即退金额（万元）	4 938.38	2 911.97	2 487.13
净利润（万元）	11 290.09	7 321.82	8 258.25
比例（%）	43.74	39.77	30.12

扣除增值税即征即退金额的影响后，公司仍具有良好的盈利水平，扣除后利润对比如表 9-5 所示。

表 9-5　扣除增值税即征即退金额影响后的利润对比　（单位：万元）

项目	2010 年	2009 年	2008 年
归属于母公司所有者的净利润	11 290.09	7 077.51	6 004.94
增值税即征即退金额	4 938.38	2 911.97	2 487.13
扣除增值税即征即退金额后归属于母公司所有者的净利润	6 351.71	4 165.54	3 517.81

（3）持续盈利趋势。报告期内公司主要产品纤维板产销率保持在 100% 左右，2010 年纤维板产能利用率高达 106.84%，具有较强的市场竞争力和可持续盈利能力。

公司对增值税优惠的政策延续进行了充分分析，结论为：为扶持林业产业的发展，增值税即征即退政策在 2010 年 12 月 31 日到期后，再次延续的可能性较大。

9.1.3　案例评析

公司第二次申报与第一次申报仅间隔半年，外部环境与内部经营都没有发生大的变化，但就是这关键的半年，使体现在报表上的公司经营业绩产生了方向性变化。

1. 持续盈利能力趋势

营业利润排除了增值税退税和企业所得税优惠的影响，更能反映公司的实际经营业绩。第一次申报的报告期内，2007 ～ 2009 年营业利润处于持续下降趋势，且下降幅度很大；而第二次申报的报表期内，2008 ～ 2010 年营业利润则先下降后上升，趋势出现了方向性变化。

从变动原因上看，并不是公司内部经营出了问题，而是整个行业经历了一个周期性变化：由于金融危机导致 2008 年 9 月以来纤维板需求的下降，从而影响到公司产品的销售与营业利润；2010 年随着纤维板行业的整体复苏，公司纤维板销售价格、销售数量同比有所增长，营业利润也呈恢复增长态势。且经过对比，公司营业利润变动趋势与同行业变动趋势基本一致。

2. 税收依赖问题

一般而言，只要是符合国家税法规定的税收优惠，比例再高，一般不认为存在优惠依赖。对于税收优惠所形成的营业外收入，计算相关指标时也不作为非经常性损益扣除。税收依赖最大的风险是税收优惠的可持续性，如果过于依赖可持续性不确定的税收优惠，一旦税收优惠取消或幅度下调，则会对持续盈利能力带来重大的影响。

第一次申报时，增值税退税政策将于 2010 年 12 月 31 日到期，到期后是否会延续该政策并不确定，如果该政策取消，至少会对公司短期业绩造成重大的不利影响。

第二次申报时，一方面，公司论述了即使没有增值税优惠其在报告期内仍然具有良好的盈利能力和成长性；另一方面，公司大胆论证了在增值税即征即退政策到期后再次延续的可能性较大，税收优惠仍然具有持续性。

丰林集团的预测还是相当准确的，2011 年 11 月，财政部、国家税务总局发布“财税 [2011]115 号”文，再次明确：以三剩物、次小薪材和农作物秸秆等 3 类农林剩余物为原料生产的木（竹、秸秆）纤维板实行增值税即征即退 80% 的政策，该政策自 2011 年 1 月 1 日起执行，即公司仍然可以继续享受增值税退税优惠。

丰林集团两次申报实际体现了审核中所关注的两方面的持续盈利能力问题，一方面是报告期内营业利润的大幅下降趋势，另一方面是税收优惠的不可持续性所产生的业绩大幅下降风险。一般而言，报告期内由于行业周期等共性原因所导致的盈利能力下降趋势，如果不是整体行业都将面临颠覆性变化，审核中并不能认为存在持续盈利能力问题。如果仅仅是持续盈利能力的问题导致第一次申报被否，那么说明公司的申报时机不够适当。

9.2　苏大维格：两次申报的关联交易问题⊖

9.2.1　案例公司相关背景

苏大维格全称“苏州苏大维格光电科技股份有限公司”，是创业板上市公司，股票代码“300331”。苏大维格曾经两次向证监会递交IPO申请：2010年9月，公司第一次公布《首次公开发行股票并在创业板上市招股说明书》（申报稿），但未能通过创业板发审委审核；2012年2月，公司第二次公布《首次公开发行股票并在创业板上市招股说明书》（申报稿），最终通过审核并于2012年6月成功上市。

公司是我国微纳光学技术应用的开拓者，国内领先的微纳光学产品制造和技术服务商。公司主要从事微纳光学产品的设计、开发与制造，关键制造设备的研制和相关技术研发服务。公司的微纳光学产品包括公共安全防伪材料、镭射包装材料、新型显示光学材料三类；设备主要是微纳光学产品制造用光刻设备。

⊖ 本节相关表述和分析所依据的资料来源于苏大维格第一次申报稿招股说明书和第二次申报稿招股说明书以及不予核准决定。第一次申报稿招股说明书和第二次申报稿招股说明书及不予核准决定均来源于中国证监会网站 www.csrc.gov.cn。

9.2.2　两次申报的关联交易情况

1. 第一次申报的关联交易问题

公司第一次申报，由于存在关联交易问题未能通过审核，证监会《关于不予核准苏州苏大维格光电科技股份有限公司首次公开发行股票申请的决定》中公布的原因如下：

根据申报材料，你公司报告期内与同一关联方控制的企业在原材料采购、产品销售等诸多方面存在关联交易，且关联交易是否严重影响你公司独立性及关联交易价格是否显失公允难以判断。

根据招股说明书，上述“同一关联方控制的企业”是指持有公司 17.68% 股份的第二大股东虞樟星和其家族成员所控制的多家企业，以下统称为“美浓集团”。

报告期内，公司与美浓集团经常性关联交易情况如下：

（1）关联销售情况。报告期内，公司主要向美浓集团销售包装性镭射膜和纸类产品，具体如表 9-6 所示。

表　9-6

类别	2010 年 1 ～ 6 月	2009 年	2008 年	2007 年
关联销售合计（万元）	1 301.58	3 540.44	4 873.90	4 461.75
其中：包装性镭射膜（万元）	1 115.81	2 747.21	4 873.90	4 461.75
纸类产品（万元）	162.23	783.86		
关联销售收入比例（%）	16.51	23.47	32.93	58.77
关联销售毛利比例（%）	13.68	13.71	25.23	60.69

1）关联销售的原因。美浓集团主要为高档精品卷烟、医药、化妆品等提供包装印刷，公司所生产的膜类产品和纸类产品用于其生产烟标、酒类包装，生产完成后对外销售。公司于 2005 年引入美浓集团实际控制人虞樟良的兄弟虞樟星作为公司股东。因此，虞樟星入股后即产生了公司与美浓集团之间大量的关联交易。

2）关联销售的公允性。招股说明书中，公司通过对向关联方和非关联方销售同类产品的价格对比，对关联销售的公允性进行了分析，价格对比如

表 9-7 所示。

表　9-7

年度	交易内容		销售额（万元）	单价（元 / 平方米）
2007 年	包装用镭射膜	关联方	4 461.75	1.66
		非关联方	525.87	1.76
		差异		−0.1
2008 年	包装用镭射膜	关联方	4 870.99	1.62
		非关联方	411.11	1.55
		差异		0.07
2009 年	包装用镭射膜	关联方	2 747.21	1.49
		非关联方	996.54	1.16
		差异		0.33
	纸类产品	关联方	783.86	3.43
		非关联方	5 548.23	3.80
		差异		0.37
2010 年 1 ～ 6 月	包装用镭射膜	关联方	1 115.81	1.43
		非关联方	689.49	1.35
		差异		0.08
	纸类产品	关联方	162.23	3.11
		非关联方	3 587.62	3.83
		差异		0.69

经过分析，公司认为，公司与美浓集团的关联交易作价公允。

3）关联销售对公司业绩和独立经营的影响。报告期内，关联销售收入及毛利占公司同期主营业务收入及毛利的比例快速下降。公司不存在“最近一年营业收入或净利润对关联方存在重大依赖”的情形。

（2）关联采购情况。报告期内，公司主要向美浓集团采购成品镭射纸和原纸，采购情况如表 9-8 所示。

表　9-8

项目	2010 年 1 ～ 6 月	2009 年	2008 年	2007 年
关联采购金额（万元）	108.97	1 374.82	1 234.32	1 659.04
其中：成品镭射纸采购（万元）	92.21	1 302.21	509.05	1 579.55
关联采购占总采购金额比例（%）	2.63	15.86	16.39	32.19

1）采购必要性。镭射纸是公司的主要产品之一，报告期内，由于公司不具备生产条件或者订单密集期内公司自有产能不足，故将镭射膜销售予美

浓集团，并由其加工成镭射纸，再回销给公司，从而满足了公司客户的需求，稳定与客户的关系。

2）采购公允性。报告期内，公司未曾向除美浓集团以外的厂商采购成品镭射纸，采购的成品镭射纸再转销出去的毛利率分别为 2007 年 8.61%、2008 年 7.62%、2009 年 4.67%、2010 年 1 ～ 6 月 4.01%。公司采购成品镭射纸再转销的毛利率在报告期内属于正常的范围。

3）对独立经营的影响。随着公司镭射纸生产设备于 2007 年下半年调试成功，公司向关联方采购成品镭射纸占公司成品镭射纸业务的比重明显降低，2008 年、2009 年和 2010 年上半年公司向亚欣纸业采购成品镭射纸主要是作为订单密集期内，弥补公司镭射纸产能不足的辅助手段，该方式不影响公司的独立经营。

2. 第二次申报的关联交易问题

报告期内，公司与美浓集团经常性关联交易情况如下。

（1）关联销售情况。报告期内，公司主要向美浓集团销售镭射膜、镭射纸等微纳光学产品，具体如表 9-9 所示。

表　9-9

类别	2011 年	2010 年	2009 年
关联销售合计（万元）	1 863.72	2 388.98	3 540.44
其中：镭射膜小计（万元）	1 863.72	2 249.79	2 748.17
（1）外包装定位膜	1 470.53	1 615.78	1 517.03
（2）外包装非定位膜	387.2	510.76	1 221.77
（3）定位烫印膜	5.99	1221.77	9.37
镭射纸小计（万元）		139.19	783.86
关联销售收入比例（%）	7.32	12.55	23.45
关联销售毛利比例（%）	5.95	11.10	13.71

从表 9-9 可见，报告期内发行人对美浓集团的关联销售规模逐年下降，关联销售收入的下降主要受销售量下降影响较大，其中非定位膜产品销售降幅较大，定位膜产品销售较为稳定。报告期内发行人向美浓集团销售的非定位膜产品呈逐年下降趋势，主要由于发行人膜类产品应用品牌及客户多元化

所致。

1）关联销售产生的原因。美浓集团的最终产品主要为烟标印刷产品，美浓集团具有镭射纸、烟标印刷等环节的生产能力，但不从事镭射膜的生产业务，需要对外采购，发行人作为镭射膜生产企业，为美浓集团的上游企业。

美浓集团作为在烟标印刷市场上具有一定影响力的包装印刷企业，期望能够在镭射包装材料领域有所突破，而发行人具有业内领先的微纳结构设计及原版制作技术，基于各自的业务发展思路，双方达成了在镭射包装新产品的研发及应用方面展开合作的意愿。

2）关联销售的公允性。发行人向美浓集团销售的镭射膜产品主要为外包装定位、非定位膜，占比约为98%。招股说明书中，通过对向关联方和非关联方销售同类产品的价格对比，对关联销售的公允性进行了分析，价格对比如表9-10和表9-11所示。

外包装定位膜产品：

表　9-10

年度	客户类别	销售单价（元 / 平方米）	价格差异（元 / 平方米）
2011年	美浓集团	1.59	
	非关联方	1.71	−0.12
2010年	美浓集团	1.55	
	非关联方	1.66	−0.11
2009年	美浓集团	1.61	
	非关联方		

外包装非定位膜产品：

表　9-11

年度	客户类别	销售单价（元 / 平方米）	价格差异（元 / 平方米）
2011年	美浓集团	1.3	
	非关联方	1.31	−0.01
2010年	美浓集团	1.35	
	非关联方	1.32	0.03
2009年	美浓集团	1.37	
	非关联方	1.12	0.25

3）关联销售的最终实现性。美浓集团根据订单需求向发行人采购膜类产品，材料各期生产领用情况正常，期末结存数量不存在异常情况，关联销售产品实现了最终销售。

4）关联销售对业绩的影响。近三年，公司对美浓集团的关联销售收入占主营业务收入的比重由 2009 年的 23.47% 下降至 2011 年的 7.35%，下降了 16.12 个百分点；关联销售毛利占主营业务毛利的比重也由 2009 年的 13.71% 下降至 2011 年的 5.95%，下降了 7.76 个百分点，均呈快速下降趋势，关联销售对公司主营业务的影响程度逐渐减弱。

5）关联销售的未来趋势。报告期内，发行人向美浓集团的关联销售主要为镭射膜、镭射纸，目前发行人已不再向美浓集团销售镭射纸。对于镭射膜而言，由于发行人系国内较少能够将微纳光学技术应用于产业化生产的企业，所生产的镭射膜具有较高的技术含量和防伪功能，市场竞争力较强。在目前娇子、云烟、七匹狼等最终烟草品牌对包装材料的要求不发生较大变化的情况，美浓集团将会继续向发行人采购外包装定位、非定位膜以满足其最终客户的需求，但随着发行人膜类产品及整体销售规模的扩大，外包装定位、非定位膜的关联销售占比将呈持续下降的趋势。

（2）关联采购情况。报告期内，公司主要向美浓集团采购镭射纸，采购情况如表 9-12 所示。

表　9-12

项目	2011 年	2010 年	2008 年
关联采购金额（万元）	—	128.17	1 374.82
其中：镭射纸采购（万元）	—	98.06	1 302.21
关联采购占营业成本比例（%）	—	0.98	13.25

1）关联采购的原因。2008 ～ 2009 年，由于不能满足客户的全部订单需求，公司将客户的部分订单交由美浓集团生产以填补自身产能缺口，2010 年之后随着公司自身产能的扩充，公司基本不再委托美浓集团进行加工。

2）关联采购的公允性。仅当自有纸类产品产能不足的情况下，公司才向美浓集团采购镭射纸，采购价格按照美浓集团对外销售的同类产品或者以其一贯的产品定价原则经双方协商确定。报告期内关联采购镭射纸对外实现销售的毛利率保持相对稳定的水平，2009 ～ 2010 年，发行人采购的镭射纸对外销售的加权平均毛利率为 6.10%，属于正常合理的利润水平。

3）关联采购的未来趋势。2011 年公司与美浓集团之间不再发生关联采购。未来发行人将主动防止关联采购情形的发生，发行人将依靠目前独立的采购能力以及稳定可靠的供应商体系，独立采购生产所需原材料及其他物资，关联采购将不再持续。

9.2.3　案例评析

苏大维格报告期内存在持续性关联交易，且是公司销售和采购的核心环节，是审核中的关注重点。IPO 中关联交易并非完全禁止，也不存在绝对的重要性红线，核心是关注是否存在严重影响公司独立性或者显失公允的关联交易，具体来说，包括交易的必要性、交易的重要性、交易的公允性、收入实现的真实性、关联交易的未来趋势等方面。

苏大维格的两次申报，对与美浓集团的持续性关联交易的上述方面都进行了必要的论证。

1. 交易的必要性

公司与关联方美浓集团属于上下游关系，美浓集团是在烟标印刷市场上具有一定影响力的包装印刷企业，而公司在镭射包装材料领域具有业内领先的微纳结构设计及原版制作技术，公司也是由于这种潜在的合作关系才引入镭射包装材料领域的关联人作为股东，两者的合作是自然而然的。

2. 交易的重要性

（1）关联交易的性质。第一次申报报告期内，公司严重依赖于烟酒包装市场，第二次申报报告期内，公司将主营的微纳光学产品分为公共安全防伪材料、镭射包装材料、新型显示光学材料三类，单纯依赖烟酒包装的产品结构有所改善。公司与美浓集团之间的采购和销售均应用于烟标产品，属于公司核心业务，但性质已从单一核心业务下降至核心业务之一。

（2）关联交易的比例。第一次申报报告期内，2007 年关联销售和关联采购比例高达 58.77% 和 32.19%，尽管持续下降，但 2009 年度仍分别高达 23.47% 和 15.86%；第二次申报报告期内，关联交易持续下降，2011 年关联销售已下降到 7.32%，而关联采购自 2011 年已全部消除。

从关联交易的性质和比例来看，第一次申报的关联交易对经营业绩具有相当的重要性，对公司独立性的判断有十分负面的影响。

3. 交易的公允性

对于关联销售，由于存在对关联方和非关联方销售同类产品的情况，所以第一次申报和第二次申报均通过销售单价对比，来验证关联交易的公允性。第一次申报材料中，关联交易最重要的包装用镭射膜，除 2007 年外，其他年份的关联方销售单价均高于非关联方，公允性论证的充分性可能不够；第二次申报材料中，对镭射膜进一步细分了产品类别，外包装定位膜产品的关联方销售单价均略低于非关联方，交易公允性更容易论证。

对于关联采购，由于公司未曾向除美浓集团以外的厂商采购成品镭射纸，无法对比关联方和非关联方对同一产品的采购单价，所以改为分析公司采购再销售的毛利率来论证公允性。

4. 收入的真实性

通过操纵关联销售的规模，很容易提升报告期内的业绩，所以关联销售的真实性也应该是一个论证的重点。第一次申报时，公司未对交易的真实性进行论证，第二次申报时则对关联销售的最终实现性进行了充分说明，证明公司并不存在提前确认关联方收入的情况。

5. 交易的未来趋势

未来期间，如果能够完全避免关联交易，当然是最好的结果，但是在关联方与公司属于上下游行业且非实际控制人的情况下，基于正常的市场公平交易，很可能持续性关联交易是无法完全避免的。

第二次申报时，公司充分论证了关联交易的未来趋势，对于与关联方完全相同的镭射纸产品，已不再进行销售和采购交易；对于上下游关系的镭射膜产品，将继续对关联方销售，但随着膜类产品及整体销售规模的扩大，关联销售占比将呈持续下降的趋势。

综上分析，第一次申报时对关联交易的论证不如第二次充分，第一次报告期内关联交易具有较高的重要性，并最终影响到对公司独立性的判断。第二次申报时公司新增了两个完整会计年度的运行，关联交易得到了进一步的解决，其对独立性的影响已大为淡化。

9.3　富煌钢构：两次申报的计提安全生产费问题㊀

9.3.1　案例公司相关背景

富煌钢构全称“安徽富煌钢构股份有限公司”，公司曾经两次向证监会递交 IPO 申请：2010 年 10 月，公司第一次公布《首次公开发行股票招股说明书》(申报稿)，但未能通过发审委审核；2012 年 3 月，公司第二次公布《首次公开发行股票招股说明书》(申报稿)，并最终通过发审委审核，受 IPO 暂停的影响，目前公司尚未完成发行上市。

公司专业从事钢结构产品的设计、制造与安装，是我国钢结构行业中能够承建各类建筑钢结构、桥梁钢结构、电厂钢结构设计、制造与安装的骨干企业，系我国钢结构行业中具有较强品牌优势的生产、科研、创新基地和行业领先者。

㊀ 本节相关表述和分析所依据的资料来源于富煌钢构第一次申报稿招股说明书和第二次申报稿招股说明书以及不予核准决定。第一次申报稿招股说明书和第二次申报稿招股说明书及不予核准决定均来源于中国证监会网站 www.csrc.gov.cn。

9.3.2　两次申报的计提安全生产费情况

1. 第一次申报未计提安全生产费

公司第一次申报未能通过审核，证监会《关于不予核准安徽富煌钢构股份有限公司首次公开发行股票申请的决定》中公布的原因如下：

按照财政部、国家安全生产监督管理总局《高危行业企业安全生产费用财务管理暂行办法》规定，建筑施工企业安全生产费用以建筑安装工程造价为计提依据，计提比例为 2%。财政部《关于做好执行会计准则企业 2008 年年报工作的通知》(财会函 [2008]60 号)、《企业会计准则解释第 3 号》等相关规定对计提安全生产费用的会计处理和列报进行了规范。你公司主要从事钢结构的设计、制造与安装。根据招股说明书的披露，你公司的业务属于需按上述规定提取安全生产费用的范围。

你公司未按上述规定提取安全生产费用，未能公允地反映你公司报告期内的财务状况。根据招股说明书的披露及你公司代表和保荐代表人的现场陈述，对你公司的财务状况是否因上述费用的提取而不受重大影响无法做出判断。

公司属于建筑施工企业，具有建筑施工所需要的房屋建筑工程施工总承包壹级、钢结构工程专业承包壹级、建筑幕墙工程专业承包壹级资质，并且系直接从业主处承接钢结构合同，所以，根据相关法规应该以建筑安装工程造价为计提依据计提安全生产费。但在招股说明书中，公司并没有解释未计提安全生产费用的原因。

2. 第二次申报计提了安全生产费

报告期内，公司安全生产费用的计提情况、实际使用情况以及期末结存情况如表 9-13 所示。

公司 2010 年度对以前年度未提取安全生产费用进行追溯调整，申报报表与原始报表差异如下：

表　9-13　（单位：万元）

项目	2009 年 1 月 1 日	本年增加	本年减少	2009 年 12 月 31 日
安全生产费用	26.95	339.05	266.63	99.37
项目	2010 年 1 月 1 日	本年增加	本年减少	2011 年 12 月 31 日
安全生产费用	99.37	418.56	458.47	59.47
项目	2011 年 1 月 1 日	本年增加	本年减少	2011 年 12 月 31 日
安全生产费用	59.47	951.17	889.28	121.37

公司 2009 年度应提取的安全生产费用为 3 390 534.00 元，实际已列入成本的安全生产费用使用数为 2 666 264.21 元，差额 724 269.79 元补计成本，调增主营业务成本 724 269.79 元，调减当期净利润 724 269.79 元。

9.3.3　案例分析

1. 同行业计提安全生产费用的情况

招股说明书公布的上市公司主要竞争对手，计提安全生产费的情况各不相同，杭萧钢构（600477.SH）从 2009 年开始计提安全生产费用，精工钢构（600496.SH）从 2010 年开始计提安全生产费用，东南网架（002135.SZ）2011 年开始计提安全生产费，大金重工（002478.SZ）一直未计提安全生产费。

2010 年 10 月 29 日，富煌钢构公告了其招股说明书申报稿，紧接着，2010 年 11 月 1 日，同行业公司光正钢构（002524.SZ）公布了其招股说明书申报稿；2010 年 12 月 1 日，同行业公司鸿路钢构（002541.SZ）公布了其招股说明书申报稿。这两家公司的安全费计提情况与富煌钢构具有更直接的对比性。根据招股说明书，光正钢构按照建筑安装收入的 2% 计提安全风险专项储备基金，其顺利通过发审会；鸿路钢构未计提，但也顺利通过了发审会，其在招股说明书中作了解释：公司目前尚不具备建筑工程施工总承包资质，承建的钢结构工程均以分包形式承接，主要与总承包单位签订合同。公司在与总承包单位签订的合同报价中一般都已包含安全费用，即总承包单位已经对钢结构安装工程计提了安全费用，根据财企 [2006]478 号第八条规定，公司可不再重复计提安全费用。

关于安全生产费用的会计处理，在 2009 年《企业会计准则解释第 3 号》公布后已最终明确，尽管同行业公司开始遵照准则计提的时间并不一致，但在更强调合法性和谨慎性的 IPO 中，富煌钢构没有计提安全生产费用，是一个非常低级的会计差错。

2. 会计差错的重要性

第二次招股说明书中，公司对未计提差错进行了更正并进行了追溯调整，2009 年度，应计提 339.05 万元，实际支出 266.63 万元，差额 72.42 万元，即该项差错影响 2009 年度净利润 72.42 万元。第一次招股说明书的报告期内，公司净利润分别为 2009 年度 3 393 万元，2008 年度 2 634 万元，2007 年度 2 830 万元，可以看出，报告期内未计提安全生产费的差错对业绩的影响并不具有重要性。

除安全生产费进行更正之外，公司第二次申报时的业绩大幅提升，报告期内净利润分别为 2011 年度 5 864 万元、2010 年度 4 699 万元、2009 年度 3 320 万元。业务的提升对二次过会提供了更充分的保证。

第一次被否决如果主要是安全生产费的问题，只能是公司和中介机构未充分关注和研究该问题，所以在聆讯现场可能未能迅速判断出安全生产费用的提取对业绩并无重大影响。由此可见，对于重要的会计处理准确到位，在 IPO 过程中是非常重要的。

第四部分

规避财务操纵的嫌疑

第10章

IPO财务操纵的特点

近期连续多起的 IPO 财务舞弊案例中，从作假的规模和恶劣程度看，万福生科[1]应是当之无愧的“带头大哥”，谈起作假起因，其董事长自白“错误理解包装是正常的上市步骤”[2]，“当初为了迎合上市的财务指标得造一些，但没想到真是做得太多了”[3]。

在 IPO 实务中，“包装”上市的说法大行其道，“做得太多了”，一不小心就变成了“造假上市”。所谓“包装”上市，原则上可以分为财务舞弊和业绩粉饰两类，舞弊即财务造假，粉饰在性质上属于盈余管理的范畴，是个中性的概念，但过度的粉饰行为同样会扭曲经营业绩。

---

[1] 万福生科舞弊案例详见附录 A。

[2] 来源：2013 年 5 月 27 日《证券市场周刊》“龚永福：包装是上市步骤 后悔万福生科上市”。

[3] 来源：2013 年 5 月 27 日《证券市场周刊》“万福生科董事长：曾拜会证监会 7 名委员 如今后悔上市”。

财务舞弊和过度的业绩粉饰，共同构成 IPO 过程中的财务报表操纵。

10.1　IPO 财务舞弊的特点

10.1.1　IPO 舞弊以虚增报表利润为目的

财务舞弊的目的，主要有侵占资产和编制虚假报告两大类，两类舞弊对报表的影响是不同的。

1. 侵占资产

侵占资产，指管理层或员工利用公司的内控漏洞或通过串通，非法占用公司资产。侵占资产主观上不以编制虚假报表为目的，但客观上也会带来报表的不真实，体现在报表上，可能是少计了收入或高估了费用；也有可能会造成账实不符，资金或实物短缺所形成的相关损失未予记录等。

2. 编制虚假报告

编制虚假报告的目的主要是虚减业绩和虚增业绩两类，虚增业绩还包括在不同期间进行业绩平滑的情况。IPO 公司需要提供报告期内的原始财务报表和申报财务报表，并进行差异比较。一般情况下，如果是 IPO 公司进行上市规划之前编制的虚假原始报表，其直接动机往往是偷逃税款，性质上属于虚减收入和利润的舞弊，而申报报表很可能需要对原始报表进行差错更正并重述；IPO 公司开始上市规划后，原始报表与申报报表通常保持一致或差异较小，其编制虚假报表的动机，主要是为了满足上市审核的财务指标以及提高发行估值，常见的是虚增业绩的财务舞弊。

无论何种目的舞弊，客观上都会伤害财务报表的真实性。但 IPO 申报报表的财务舞弊往往直接以虚增利润为目的，是一种主观故意，对报表真实性影响最大。

本书以下所讨论的 IPO 财务舞弊，除非有特别说明，均指申报报表虚增业绩的财务舞弊。

10.1.2　内控程序无法解决财务舞弊问题

以侵占资产为目的的舞弊，实施主体可能是管理层，管理层能够通过不正当的交易安排侵占资产；也可能是员工，员工可以通过串通合谋侵占公司资产。而以编制虚假报告为目的的舞弊，无论是从动机还是从能力上看，只可能是管理层实施的。

内部控制的最重要目的是保证财务报表的真实性，但内部控制存在两个“天敌”，一是员工串通，一是管理层超越内控。对于员工舞弊，不考虑成本效益的问题，只要增加足够多的控制程序，是可以做到防范舞弊的；但 IPO 财务舞弊属于管理层舞弊，且往往是最高管理层（董事长、总经理）等直接策划实施的系统舞弊，从根本上是源于公司治理结构的缺陷，任何内控程序都是无能为力的。

IPO 舞弊，显然是管理层超越内控的行为，是无法通过完善内控的控制程序予以解决的。

10.1.3　IPO 舞弊多属于经营活动造假

从方法上，财务舞弊可以分为会计方法和非会计方法。

1. 会计方法

所谓会计方法，是指通过滥用会计政策和会计估计，以达到操纵利润的目的。在 IPO 过程中，通过会计方法实施舞弊不可能是主流，一是因为会计方法的运用是比较直观的，IPO 期间内的滥用很容易被审核发现；二是会计方法大多数情况下也只能将业绩前后移动，并不产生真正的虚假利润；三是会计方法的运用，多数涉及估计和惯例的问题，所以即使 IPO 过程中有滥用的迹象，一般也难以界定为舞弊，而往往是属于粉饰的范畴。

2. 非会计方法

所谓非会计方法，是指通过业务活动的作假来达到虚增报表业绩的目的。业务作假往往是系统作假，即先设定目标利润，再虚构业务流程，通过会计系统最终体现在财务报表上。

相对于会计方法，非会计方法是从业务源头造假，虚假业务与真实业务具有同样的业务流程，过程隐蔽，且更容易大规模虚增业绩，故 IPO 舞弊多属于经营活动造假。

10.1.4　经营造假的主要方式

经营活动造假，主要手段可以总结为以下三类，每一个具体造假事件都是这三种手段的单独或结合运用。

1. 内部经营文件或经营数据造假

整个业务流程中，排除与外部发生关系的采购和销售两端外，通过编造、篡改内部的生产、研发、人工及建设等过程文件或数据，以达到虚增利润的目的。常见的有降低生产单耗、虚增存货、延后转固、费用进行资本化处理等。

2. 通过关联方或关联方串通造假

通过关联方造假，目的是通过关联方输送利润。除按各种规则应予公开的关联方，更为重要的是已进行非关联化处理的背后的关联方。对于已公开的关联方，多是通过隐匿与其非公允交易的方式，如代为支付工资、代为支付费用等；对非关联化的关联方，则通过编造虚假的交易，或隐匿真实的交易来达到输送利润的目的。

3. 与交易对手之间的串通作假

交易对手，主要指销售客户和供应商。交易作假，一种情况是在交易对手不知情，公司单方面编造、篡改、隐匿交易文件或交易数据。这种虚构交易多发生在交易对手多而分散，难以一一核实的情况下；更主要的另一种情况是公司与交易对手的合谋，即公司为交易对手提供利益交换，交易对手根据公司的要求提供相应的交易文件或证明，以及配合资金流动。

IPO 财务舞弊，实务中多是内外结合的系统舞弊，在技术上也需要实物流、现金流和单据流的相互配合，所以往往涉及上述三类手段的综合使用。

舞弊产生的利润有的需要现金流配合，有的则不需要。不需要现金流配合的，比如延后转固、费用进行资本化处理、提前确认收入、关联方代付成本和费用等；与交易对手之间的虚假销售和虚假采购，通常需要经营性现金流的配合，实务中，虚假的经营性现金流主要有两大来源：一种是关联方提供的增量现金流，比如，关联方提供的资金通过客户流回公司，作为虚构收入的经营性现金流入；一种是公司内部存量现金流的往复周转，通常是现金先通过虚构的投资活动流出公司，再将其包装为经营活动现金流回公司。

10.1.5　舞弊的会计恒等式

IPO 舞弊的目的，是产生虚假的会计利润，根据会计报表的平衡关系，贷方产生利润，借方必然需要同时虚计与之对应的资产负债科目，这就是“舞弊的会计恒等式”。贷方利润，可能是由虚记收入产生的，也有可能是少计成本或费用产生的；借方科目有可能是多计了资产，也有可能是减计了负债，常见的情况如下。

1. 流动资产虚计

常见的流动资产虚计，包括应收账款、其他应收款及预付账款等。形成虚计的原因，可能是虚计了收入而没有配合回款；也有可能是流出的现金在其他应收款或预付账款挂账，实际现金已包装为经营现金的流入。

2. 长期资产虚计

相比于流动资产，在建工程、无形资产等长期资产的真实成本难以判断，故其虚增往往更具有隐蔽性。形成虚计的原因，可能是将费用进行了资本化处理；也有可能是通过增加长期资产包装成投资性现金流出，流出后再包装为经营性现金流入。

3. 负债减计

负债减计，可能的情况包括：关联方代付了成本费用，虚增利润的同时少计了对关联方的负债；关联方提供的资金包装为虚构收入的回款，虚增利润的同时少计了对关联方的负债。

10.2 IPO 中的业绩粉饰

IPO 中，业绩粉饰行为是比较多见的。正常的业绩粉饰，是一种财务规划行为，属于盈余管理的范畴。正常的粉饰应以不损害正常经营、不歪曲正常业绩为限，其经营行为也应限制在正常的内部控制程序之内。过度的粉饰是以达到设定的盈利水平为最重要目标，往往是管理层超越内控，采取的是不符合内控要求或不具有可持续性的经营手段，虽然实现了短期盈利目标，但很可能为未来持续经营带来较大的不利影响。过度的业绩粉饰，则同样属于财务操纵。

同财务舞弊相同，业绩粉饰也包括会计方法和非会计方法，IPO 实务中，通过会计方法调节利润的空间主要集中于会计方法的不谨慎运用，非会计方法则是管理层通过改变正常经营活动来达到粉饰业绩的目的。

业绩粉饰的主要方式如下。

10.2.1 会计方法

1. 确认产品销售收入的方法不够谨慎

在实务中，“产品交付”在某些情况下并不能作为“主要风险和报酬”转移的时点，如果相关风险并未完全实现转移，并且相当比例的销售款也未收回，以“产品交付”确认销售收入则可能缺乏谨慎性。

例如，产品存在一定的试用期，客户在产品试用期结束后才能验收付款，公司在产品交付时就以试用期结束后发生退货的可能性很小为由，断定主要风险和报酬已实现转移；产品不附有安装义务，但需要经客户自行安装调试后才能验收付款，公司在产品交付时就以不附有安装义务为由，断定主要风险和报酬已实现转移；工程完成后，需要业主进行初步验收，并在试运行一段时间后进行最终验收付款，公司在初步验收后即确认全部收入。

2.“新模式”或“新产品”采用相对激进的会计方法

IPO公司中存在一些“新模式”和“新产品”，其盈利模式的形式与实质可能并不一致，产品的主要风险转移的判断也可能与传统产品存在差异。对于“新模式”，比如，有些设备提供商采用分期收款方式销售的“创新业务模式”，即由公司提供前期垫资提供设备，后期逐步在客户的业绩运营收入中收回设备款，其收入确认就涉及销售收入和融资收入的分摊问题，以及分期回款模式下的收入确认时点问题；对于“新产品”，比如，有些新开发的产品被市场接受需要一个过程，产品交付后需要试用，可能面临较大的退货风险，由于新产品不存在退货率的历史经验数据，所以在确定“与产品所有权有关的主要风险和报酬”的转移时点时，其收入确认可能会涉及产品交付时点还是试用期结束时点确认的选择问题。

由于“新模式”或“新产品”在同行业中没有可以参考的方法和惯例，出于业绩粉饰的考虑，IPO公司有可能会选择相对激进的收入确认和计量方法。

3.准备计提或资产摊销采用相对激进的方法

减值准备的计提，包括坏账准备、存货跌价准备、长期资产的减值准备等，在计提方法上都存在一些选择的空间。比如，坏账准备计提采用账龄分析法，在计提比例上需要参考行业惯例，而同行业公司的计提比例有高有低，存在一个相对合理的区间；存货跌价准备计提需要确定可变现净值，计提过程中出售价格和相关税费的选择都存在一个合理的区间；有些长期资产准备需要折现计算未来现金流量，而对未来现金流量的预期及折现率的预期都存在可调节的空间。

资产折旧或摊销，可选择的空间主要在折旧或摊销期限上，比如，同样的装修摊销，可能在5～10年之间选择都可以算作合理区间。

由于准备计提或资产摊销在方法上存在的空间，出于业绩粉饰的考虑，

IPO 公司有可能会选择相对激进的方法。

10.2.2　非会计方法

1. 收入实现条件的提前或推迟

无论何种收入类型，都应该存在明确的确认时点，通过提前或推迟改变收入确认时点，可以实现收入在不同期间的调节。比如，销售产品，收入在客户签收时点实现，通过延迟或提前交付可以实现收入调节；承建工程项目，收入在工程完工验收时全部实现，可以通过控制工程进度实现收入调节等。

2. 业务合同条款的合理安排

业务合同的相关规定，往往是收入或费用确认方式的依据，在不改变交易本质的前提下，通过调整合同有可能达到调整利润的目的。比如，混合销售业务，如果产品销售和提供服务部分不能有效区分，则需要一次性确认收入，而通过合同安排，将其分成两个或多个独立合同，很有可能可以分别确认收入。

3. 战略同盟的合理交易安排

与有战略同盟关系的供应商或客户，可以通过正常的商业安排，达到调整业绩的目的。比如，通过放宽信用政策，加大客户的提货量以提升业绩；通过现金折扣，加大客户的回款以改善现金流量。

4. 费用发生期间的合理选择

经营中的有些费用在某一期间并不是刚性的，比如，广告费用、研发费用等，尽管费用的投入与未来业绩有一定的关系，但当期投入的额度却不是刚性的，通过当期减少投入，可以提升当期业绩。经营中还有一些亏损是可以暂时避免的，比如，连锁企业新开店面，第一年往往是亏损的，为了不承担当期亏损，在某一年减少连锁开店计划。

10.3　舞弊与粉饰的区别

从影响业绩的方法上，舞弊与粉饰是相同的，但粉饰并不等同于舞弊，两者存在本质的差异，差异的核心就是“业务的真实性”，具体的理解如下。

1. 财务舞弊

财务舞弊操纵的是虚假的业务，通过内部经营数据和文件的作假，或内外串通作假，产生虚假的业绩。

2. 业绩粉饰

通过管理层规划，改变正常经营活动，产生被管理的业绩，本质上操纵的是真实的业务，即内部和外部的经营文件和数据都是真实的，对业绩的影响通常是跨期而不是虚增，或者是牺牲未来业绩带来短期内的业绩提升。

在实务中，舞弊和粉饰的界限并不是泾渭分明的，过度的粉饰也会无限接近于财务舞弊。在 IPO 过程中，财务舞弊是绝对的禁区，但过度粉饰业绩亦会对管理层的诚信，内部控制的严肃性，以及财务报告的可靠性产生十分消极的影响。

再回头看看万福生科的自白，其所从事的“包装”是虚构众多个人客户，控制若干个银行账号进行自买自卖，此“包装”绝不是正常理解的“包装”，而是严重的财务舞弊。

第11章 IPO财务操纵的常见领域

11.1 财务舞弊的高危行业及对策

IPO公司的财务舞弊过程，往往是先制订利润目标，再构造业务环节，最后将业务产生的利润反映在财务报表上，是一个系统性的工程。从技术上看，一个“成功”的舞弊，关键是要保持虚构的业务流程、虚构的财务流程的匹配，业务流程根据财务流程的需求进行搭建，财务流程能够“正确”反映业务流程。

1. 业务流程的匹配

业务流程的匹配是保持业务流程内部、外部等多个必要环节之间的合理连接，以生产制造型企业为例，至少需要保持外部采购、在内部的生产、库存、外部销售等主要环节之间的匹配，且交易单据完整。正常情况下，供应商和客户等交易对手是自然人或个体工商户，比交易对手是法人企业更容易配合造假。交易对手在行业中具有强势地位，比较知名或者是公众公司的，更不大可能配合造假；交易对手是关联方的，比交易对手是无关联第三方的更容易配合造假；生产经营的环节越少、越简单，舞弊的难度越低；交易对象是无形产品的，比有形产品更难以验证真假，也更容易产生舞弊。

2. 财务流程的匹配

财务流程的匹配，包括两个方面，一方面是根据“舞弊的会计恒等式”，造假产生的资产、收入、成本、费用等会计要素之间要保持平衡；另一方面是虚构交易经常需要有虚构的现金流进行匹配。正常情况下，舞弊利润隐藏在在建工程、无形资产中比在应收款、预付款中更具有隐蔽性；收入不需要成本直接对应，或收入和成本对应关系弱的行业更容易虚构利润；现金结算缺乏可靠的交易痕迹，比银行转账更容易配合收支舞弊。

理论上讲，只要存在足够的动机和机会，且不考虑潜在的舞弊成本，任何行业的 IPO 公司都可以进行系统舞弊。舞弊成本，主要是指舞弊虚增收入和利润所产生的税金成本。从技术上推论，凡是上述两个匹配容易得到满足的行业和公司，舞弊难度就越低，舞弊也就越不容易被证实，也就越容易发生舞弊；从成本上看，舞弊成本越低的企业，就越容易产生舞弊。

根据上述分析和实务中的舞弊案例，舞弊高危行业可以总结为三类：

（1）业务流程简单且收入和成本无对应关系的，如软件类公司。

（2）现金结算较多且交易对手多为个人的，如农业公司、餐饮类公司。

（3）业绩依赖重大合同且收入容易调节的，如系统集成类公司。

11.1.1　财务舞弊的高危行业

1. 业务流程简单且收入和成本无对应关系的行业

这类企业的典型代表是软件企业，其容易舞弊，与软件企业本身的几个特点有关。

（1）软件企业业务流程简单。产品生产过程越复杂，系统造假的难度越大。因为造假会涉及更多的部门和人员，更多的业务单据，更多生产要素的匹配。软件产品的载体就是一张光盘，不存在原料、动力、厂房、设备、人工等生产要素，只要有订单，生产是即时的、不限量的，一般也不存在复杂的安装验收过程。

也就是说，在业务环节上，只要订单造假就足够了，完全不需要复杂的生产环节的配合。

（2）软件企业的收入与成本无直接对应关系。软件企业的主要投入是在研发，一旦研发成功，销售环节的变动成本是很小的，如果是通用软件，或许根本就没有其他变动成本。研发如果形成了无形资产，软件销售的直接成本主要是无形资产的摊销费用，摊销成本属于固定成本，与软件的产量和销量都没有直接关系。研发时如果已全部费用化，则连摊销成本都不存在。

也就是说，软件企业的收入和成本没有配比关系，如果虚构了销售，不需要配比成本，直接增加利润。

（3）软件企业有税收的优惠。虚构收入和利润，往往需要付出一定的税收成本，但软件企业享受多项税收优惠政策，比如，软件企业销售自产软件产品，有增值税退税优惠；新认定软件企业，亦有所得税减免的优惠等，其舞弊成本相对较低。

2. 现金结算较多且交易对手多为个人的行业

近期 IPO 市场接连出现的绿大地[㊀]、新大地[㊁]、万福生科等几起财务舞弊案件，都发生在农业行业，这不是偶然的，是与农业企业的交易特征分不开的。农业企业采购原材料，经过加工后销售农产品，其交易特征有三个，一是主要交易对手多为个人，二是主要业务较多地采用现金结算，三是采购和销售经常不使用合法发票。

㊀ 绿大地舞弊案例见附录 B。

㊁ 新大地舞弊案例见附录 C。

（1）主要交易对手多为个人。农业企业往往向众多分散的农户采购原材料，销售农产品的客户或经销商也常常以自然人或个体工商户为主。相对于法人，交易对手的个人身份难以核实，个人的实际经营情况也无法查询，尤其是在个人供应商或客户具有随机性、广泛性的情况下，虚构个人供应商或个人客户是非常容易的。万福生科即存在虚构大量个人客户的情况。

（2）现金结算较多和发票使用不规范。一个完整的业务内控证据，一般需要有相互印证的业务单据、合法发票和资金流动单据。从证明力上看，业务单据一般属内部证据，证明力较弱；发票的接受人或开具人是外部单位，所以可以算半个外部证据；资金进出如果都通过银行转账，则属于证明力很强的外部证据。但如果是现金交易，则资金凭证只能算证明力很弱的内部证据。

农业企业的材料采购和产品销售，经常使用现金结算，资金收支并不通过银行转账，严格地讲，现金的真实来源和去向是无法绝对确认的。在现金收支“两条线”管理的情况下，现金存在交付银行和银行支取的痕迹，至少可以说明现金流动过，但如果存在“现金坐支”的情况，现金是否真的流动过都难证实，相应交易的真实性自然无法保证。

农业企业对个人的销售经常不需要开具发票，对现金销售来说，不开具发票就少了一个证明环节，进一步降低了舞弊成本；农业企业向个人的现金采购，有的可以自行开具收购发票，其真实性缺少外部证据。不能自行开票的，让个人或个体工商户提供发票也是一个很难控制的过程，因为索取发票就意味着要承担较高的税收成本，当企业不愿意承担来自采购方的合规的发票成本时，找一些虚假的发票来报销入账是常见的情况，故经常造成采购的发票方、收款方与实际供应方都不一致，采购的真实性难以保障。

主要交易无正规发票控制，再加上经常采用无痕迹的现金结算，所以，从业务证据的角度，农业公司缺少甚至没有相对可靠的外部证据，基于舞弊的角度，其内外部业务流程的构建非常简单，通常只是一个工作量的问题。

（3）农业的存货价值不容易确定。多数情况下，一个“成功”的舞弊需要保证存货的账实相符，实际存货经得起盘点，所以相比起将虚增利润隐藏在长期资产中的，隐藏在存货中往往是行不通的，但有的农业企业的存货却有这样的“先天优势”，盘点确认极为困难。比如，养殖在水中的鱼和珍珠、种植在园林中的苗木、存储在仓库里的羊绒等，要么是数量不容易盘点，要么是价值因等级不同而难以确定。所以，农业企业将虚增利润隐藏在存货是相对容易做到的。

（4）农业企业有税收的优惠。和软件企业类似，农业企业同样享受很多的税收优惠，有的甚至在流转税和企业所得税方面都是零税负。舞弊的成本很低，也是农业企业容易产生舞弊的重要原因。

除了农业企业，餐饮企业同样是现金交易的重灾区。近年对餐饮业能否上市的争论一直没有平息，监管层担心的是：销售收入以现金为主，不全部开具发票，原料采购也以现金为主，不能取得发票，前端收入和后端成本的确定都缺乏严格的会计凭据作确认。

3. 业绩依赖重大合同且收入容易调节的行业

某些行业或公司具有这样的特点：业务合同较少，但单个合同金额较大；收入和利润规模依赖于某个或某几个大合同的完成情况；合同收入确认依赖于某个关键节点的完成。这种情况下，公司业绩确认往往高度依赖于一个或多个合同报告期内能否满足收入确认的关键节点。

建造工程类合同、系统集成类合同就经常具有上述特点，在收入确认方法下，以上合同有可能使用完工验收一次性确认，也有可能使用完工百分比法来确认，两种方法下都比较容易产生舞弊。

（1）在验收一次确认下，只要能够通过不正当途径提前或延后取得相关合同的验收报告，就可以根据收入原则提前或延后确认收入。

（2）在完工百分比法下，收入和利润主要取决于累计工程成本，而工程成本有的源自内部证据，有的则源自工程分包商、设备供应商等外部证据，但由于分包商和供应商处于相对弱势地位，故其外部证据的证明力往往大打折扣。公司通过内部成本造假，或串通分包单位虚增工程进度虚构工程成本，再根据成本进度确认完工百分比，就可以轻松地提前确认工程收入和毛利。

（3）工程合同以实际工程结算金额为基础缴纳营业税，与会计收入的确认无直接关系，所以夸大收入往往不存在多缴营业税的问题，舞弊成本也相对较低。

在业绩确认高度依赖于一个或几个合同的情况下，业绩水平或业绩趋势很可能就取决于能否取得业主的验收报告或者是累计成本的真实性。从业绩造假的角度，造假只集中于一个或几个合同，业务过程中需要匹配的环节也很少，这是此类公司容易产生舞弊的重要原因。例如，最近出现的天能科技[⊖]的舞弊案件，就是仅仅通过几个重大合同提前验收而造成重大舞弊的典型案例。

11.1.2　杜绝舞弊是高危企业上市的唯一对策

舞弊高危行业天然具有易于舞弊的基因，所以在上市审核过程中，相关公司自证“清白”的难度要比普通行业公司大得多。这也是在实务中，农业公司、软件类公司、工程类公司等均属于IPO财务核查重点区域的内在原因。

舞弊的手法再高明，也不可能做到天衣无缝，况且相对于其他行业，舞弊高危行业的公司在IPO中更是要在“放大镜”下接受审核，清者自清，只有杜绝舞弊，才是高危行业公司顺利上市的唯一对策。

为了尽可能消除审核中的风险，高危行业公司IPO在财务方面更应该注意以下问题。

⊖　天能科技舞弊案例见附录D。

1. 自查重要交易对手的背景

重要的交易对手，包括交易金额重大的、存在偶发交易等非常规业务的以及不具有稳定性关系的客户和供应商，财务应与业务部门及时沟通，重点了解交易对手的背景、非常规业务的性质、新增或新减大客户的原因，必要时追踪客户对最终产品的具体再出售或使用情况等。

2. 回避过度粉饰业绩的情况

这类情况主要包括：制定合理的信用期间，加强应收款管理，保持货款及时收回；避免临近年底的大量发货或工程项目的集中验收，尤其是只有应收款没有回款的收入确认；减少不必要的对经销商的大量铺货等。

3. 完善内部控制制度

对于农业企业和餐饮企业，完善的内控制度是真实业绩的基础，完善内控制度的主要措施包括：首先在源头上保证采购的规范性，减少或杜绝现金交易并要求供应商提供合法发票；其次制定可靠的现金管理制度，主要包括对现金持有额度、现金安全存放、禁止公款私存、执行收支两条线等的相关规定；最后建立完善的信息系统，信息系统可以实现主要业务的精细化管理，是农业企业等现金交易较多的公司提升管控水平的重要支撑。

4. 加强对存货的管理

定期盘点、账实核对是存货管理的重要措施，对于农业企业，盘点的难度大、专业性强，对于工程类企业，盘点时工程成本的物理构成不直观，实际工程进度也难以确定，所以这类企业需要制定可行、可信的盘点方法，定期盘点并处理差异，真正形成对特定存货的有效控制。

11.2　餐饮企业的财务规范问题

2012 年 5 月，证监会发布《关于餐饮等生活服务类公司首次公开发行股票并上市信息披露指引》(试行)，针对某个行业发布披露指引是不常见的，其背景是监管层对餐饮企业审核风险的担忧，具体到财务风险，主要包括：销售和采购以现金结算为主；销售不开具发票；采购不收取发票；收、支两端的会计确认都缺乏依据。不可否认，上述特征在餐饮财务中是普遍存在的，客观上影响了相关的会计确认，比较容易带来财务操纵问题。

11.2.1 餐饮会计存在的天然缺陷

一项业务在会计上的确认，需要发票、资金、业务单据三个要素相互印证。

（1）发票是外部证据，有发票支持，尤其是开具发票单位是可以查证的单位时，相关收支的可靠性强。

（2）资金流转区分为银行转账和现金收付两类，银行转账凭单和银行对账单都属于外部证据，可靠性强，而现金的收付都无法直接查证，可靠性弱。

（3）业务单据多是内部证据，如果整个业务的链条很长，且产销环节有明确的产品流转，则证明力较强，反之则较弱。例如，对工业生产的行业来说，原料采购入库、领料出库，车间生产、产品完工入库、产品销售出库，存货的流转贯通整个业务流程，各个环节有明确的对应关系；而多数餐饮企业即时加工即时销售，收入和成本并不对应至产品（菜品），即属于业务链条短且无明确辨认的产品流转。

餐饮业存在的业态不一样，这三个要素的表现也不一样，具体如表 11-1 所示。

无论何种业态，餐饮会计的确认存在天然缺陷，而这种缺陷对财务操纵提供了更多的机会。若不考虑不同业态的经营风险，以上分析得出的结论是：从收入确认看，高端非连锁正餐最具优势；从成本确认看，连锁快餐最具优势；低端非连锁正餐在收入、成本确认上都处于明显的劣势。

表　11-1

门店业态	流程	主流特征	会计确认要素		
			发票	资金	业务流转
高端正餐（非连锁配送）	采购	集中采购	容易取得	银行转账	—
	加工	单独加工	—	—	即时加工，无产品持续流转
	销售	单位客户	开票率高	银行转账	—
低端正餐（非连锁配送）	采购	独立采购	不容易取得	现金结算	—
	加工	单独加工	—	—	即时加工，无产品持续流转
	销售	个人客户	开票率低	现金结算	
连锁快餐	采购	集中采购	容易取得	银行结算	
	加工	统一加工 统一配送	—	—	工业化生产，产品持续流转
	销售	个人客户	开票率低	现金结算	—

11.2.2　完善内部控制是王道

上述会计的缺陷也不是餐饮行业所独有的。比如：采购方面，农牧产品、废旧物资的采购亦主要是现金结算为主；销售方面，超市销售亦主要以现金结算为主，且不开具发票；业务流程方面，软件企业更是无实物对应，亦缺乏流转轨迹。

会计要素虽存在缺陷，但只要内控到位，并不必然导致财务报表的不可靠。所以，餐饮行业同其他行业一样，生成公允的报表只是一个内控的技术问题。只不过从内控的角度，餐饮企业需要更严格的内控体系。

1. 餐饮公司的内控关键点

（1）选择合格供应商。虽然采购和销售都存在发票问题，但采购发票的影响是实质性的。无论会计还是税法，都不依发票为销售收入的确认依据，销售发票只是印证销售收入真实性的凭证。但采购是不一样的，没有发票不但不能抵税，且采购的真实性绝对大打折扣。

所以，采购规范是一切规范的源头，选择供应商，绝不是只选择一个开票伙伴，而是要选择有真正供应能力的，且正规开票结算的单位。从形象上考虑，也尽量避免选择个体工商户。

（2）严格现金管理制度。现金管理制度，一是现金收支两条线，绝对不能坐支现金；二是绝不能公款私存，将公司现金与个人现金混淆；三是强调保证现金的存放安全。

（3）建立全流程的信息系统。建立全流程信息系统的基础，是贯通业务流程的产品永续流转，而永续流转的前提是标准化的产品生产过程。对于很多快餐连锁而言，标准化产品和工业化生产早已成为现实，而对于大部分非连锁的正餐公司来说，原料与产品是割裂的，厨房是无法量化管理的“黑洞”，产品标准化仍在探索过程中。

多数的餐饮公司，业务流程没有贯通，仅有柜面系统，或者再有一个原材料的收发存系统，这样的内控系统是难以让人信服的。

2. 管理层舞弊难以防范

从管理的角度，一个庞大的餐饮集团能够正常运转，断不会没有相应的内控作为支撑，内控的完善是无止境的，餐饮内控存在的问题，说到底是精细化管理水平的问题。餐饮企业财务报表的不可信，一般情况下不能归罪于内控的问题。监管层和相关各方普遍质疑的餐饮业的报表可靠性，实际上是财务作假的问题，是管理层超越内控所发生的舞弊。

任何一个行业或企业，如果管理层有意舞弊，区别只在于舞弊难度的大小。不能否认的是，餐饮业在现金、发票以及产品流转上存在的会计缺陷，的确为财务作假大开方便之门。这往往是一个“欲加之罪”的问题，但令人信服的解释的前提一定是不存在财务作假：从正面解释，良好的内控至少是增加了舞弊的难度；从结果来论证，至少经营过程中的数据是没有明显异常的。

11.2.3 财务规范需要压力测试

从不规范到全部规范运营，大部分餐饮企业会在下述方面提升成本：

（1）规范前按开票或定额纳税，规范后按完整营业流水纳税，会提升税收成本；

（2）规范前不缴社保或不是全员社保，规范后不论员工是城市还是农民工，全员足额缴纳员工“五险一金”；

（3）规范前采购原料、设备以及装修等不要发票，规范后必须取得合法发票，供应商转嫁税收而导致采购成本上升；

（4）规范前租用房屋无正规手续，规范后租赁房产必须备案，且取得合法发票，房东转嫁税收而导致房租成本上升。

这样一规范下来，多数情况下是公司并没有想象中的挣钱，甚至根本不挣钱了，原来的利润不过挣的是偷漏税费的钱。所以在启动规范之前，管理者一定要进行“压力测试”。一旦规范了，意味着你和大部分竞争对手不再处于同一盈亏线上，如果不能有效地控制和消化成本，就没有必要为折腾上市而“打肿脸充胖子”。

餐饮业上市难，暂不论经营风险，单在财务上存在的技术问题就远超其他大部分行业，说到底，这是与餐饮业整体所处的发展阶段有关系。IPO 的高溢价诱惑之下，急功近利直接催生会计舞弊，这是非常危险的，也是难以为继的。只有保持规范的心态、坚持规范的业务、获取规范的利润，餐饮业才能真正完成自我救赎，迎来上市发展的春天。

11.3 “补税上市”的原始报表舞弊问题

2008 年的“鱼跃医疗”事件，直接终结了大部分“补税上市”的操作。补税的基础是对财务报表的重大差错更正，而产生差错的原因则很可能是由于原始报表出于避税的原因少计了收入或利润。“补税上市”，很可能说明 IPO 公司报告期内的原始财务报表存在虚减业绩的财务舞弊。

11.3.1 “鱼跃医疗”事件回放

鱼跃医疗全称“江苏鱼跃医疗设备股份有限公司”，于2008年4月在深圳中小板发行股票并上市，股票代码“002223”。上市前夕，知名财务专家夏草质疑其财务造假[⊖]，指出其报告期内存在偷漏税行为，已构成发行前三年有重大虚报（财务报表错报）或违法行为（偷漏税），不符合首发上市条件。由此，引发了实务界关于IPO公司“补税上市”的广泛讨论。

“鱼跃医疗”事件发生后，一批存在大额补税的IPO公司被终止审核，对于由此形成的对补税事项审核口径的变化，总结起来有以下几种说法。

（1）关于高额补税的性质确定，如果是由于当期已申报但未及时缴纳，后期进行补缴的，税务主管部门出具证明后，属于可接受的原因；如果是由于当期并未申报而是后期进行补缴的，性质值得怀疑，有可能涉及财务舞弊。

（2）如果涉及申报报表中对收入成本的更正，只能是跨期引起的，其他原因均难以接受。

（3）如果性质有问题的补税超过当期税款的1/3，则很难通过审核。

11.3.2 对“补税上市”的解读

从审核的角度，对于“补税上市”无非是要界定两个性质：一是补税在税收上是不是偷税行为；一是补税的原因是否涉及财务舞弊。

1. 当期已申报但未及时缴纳的情况

如果当期已申报只是未及时缴纳税款，实际并未影响税金的正常计提，这种情况原则上属于“延期缴纳税款”，但根据税收法规，延期缴纳是需要公司满足一定条件的，并经省级税务机关批准，且延期缴纳税款最长不得超过三个月。

⊖ 来源：2008年4月10日新浪财经“会计学院夏草：鱼跃医疗造假上市”。

实务中真实存在的延期缴税是比较少见的。正常理解，如果当地税务部门由于某种原因同意公司缓交，一般也不会再让公司如实地正常申报应缴税款。一旦出现纳税申报表正常申报，但并没有正常手续，且长期未缴纳税款的所谓缓交，则不得不让人怀疑原始财务报表和纳税申报表的真实性，如果涉嫌对原始财务数据的篡改，则属于重大的舞弊行为。

2. 对跨期差错的理解

如果收入和成本跨期引起的差错更正可以接受，那么关键就是如何界定“跨期”。举一个简单的例子，IPO 公司申报报表包括三个会计期间，前两个存在重大会计差错，隐匿了收入，偷逃了税金，最后一年要申报上市了，公司一次性对前面两年的差错进行了更正，在最后一年入账了，并相应地补交了税金。这是否也应该属于一种跨期调整引起的差错更正呢，如果可以这样界定跨期，尽可以将会计差错全部定义成跨期，显然这样广义的理解是不合适的。

所谓跨期，应该是靠近财务报表截止日发生的，即由于业务传递和记账时间的原因，靠近截止日的业务未及时记录或提前记录在财务报表之中。例如，销售业务中，由于截止日前最后几日的客户签收单未传递到财务，财务报表未及时确认销售收入；员工备用金支出形成的单据，由于未在截止日前到财务报销，财务报表中未及时确认期间费用等。不具有明显截止日特征的差错，不能在性质上界定为跨期行为。

3. 对补税性质的理解

出现了高额补税，基本只有一种情况，那就是前期出现了重大会计差错，影响了前期收入和利润，相应补计了前期税金。所以，要理解补税的性质，就要分清会计差错的性质，这才是事情的根本。按性质区分，可以把会计差错分为舞弊引起的差错和错误引起的差错两大类。

在进入实质性的 IPO 程序之前，IPO 公司通过做低报表利润来逃税是非常常见的，通常通过设置内、外“两套账”进行操作，包括不开票的收入不入账，购买虚假发票充抵成本，或者就是没有任何痕迹的体外交易等，这样，大部分的流转税和企业所得税可以逃掉。只要存在账外运作，原始报表基本上是一塌糊涂，账外运作肯定是管理层的主观故意，在性质上属于以虚减利润为目的的财务舞弊。

错误则是纯粹的会计处理上的问题，主要包括会计方法使用不当、会计未及时处理业务引起的跨期确认等。比如，以开票为标准确认收入，靠近截止日的收入和费用的跨期确认等。

明确了会计差错的性质，也就清楚了补交税金的性质。舞弊引起的差错，逃税的性质确定无疑；错误引起的差错，哪怕是补交了一定的税金，在性质上也不是很严重的问题。有时候，错误还是舞弊并不太容易界定，但正常的错误一般不会形成巨大的补税，补税金额过大，如超过相关期间应交税金的 1/3 甚至更多，那么说明差错性质往往存在较大的舞弊嫌疑。

11.3.3 大额补税对 IPO 的影响

大额补税往往存在原始报表舞弊嫌疑，虽然舞弊事项经过更正后原则上可以重新编制公允的报表，且补缴税金后也往往可以取得税务机关的不违法证明，但大额补税对 IPO 公司仍然存在实质性影响。以常见的“两套账”为例，理论上，只要把账外的收入、成本调整进来，并补交了流转税和企业所得税，也能够得出可靠的财务报表。但存在的问题是：

首先，要想把原来游离账外的资金、实物、票据清晰地清理出来，形成收入成本调整的完整证据链，在技术是难以完成的任务。所以，由此调整出来的申报报表的可靠性存在很大问题。

其次，如果存在原始报表舞弊行为，IPO 公司报告期内的内部控制的有效性难以论证，内部控制毫无疑问是存在重大缺陷的。

最后，对于大额的补税，无论是主动去补还是税务部门的查补，都逃不掉“偷税”的嫌疑，这显然又涉及重大违法的问题。

"鱼跃医疗"事件所反映出的"补税上市"，本质上很可能是 IPO 公司的原始财务报表存在舞弊，而舞弊则代表 IPO 报告期的内控重大缺陷和不能依法纳税问题，最终会形成上市审核中的实质性障碍。所以，"鱼跃医疗"事件之后，IPO 报告期内涉嫌舞弊的"补税上市"在实务中也就很少出现了。

11.4 发票体系下的原始报表舞弊问题

IPO 公司多为中小民营企业，其内部控制存在一个逐步完善的过程，管理制度方面，往往存在从初创期的靠人管理过渡到扩张期的靠制度管理的过程，财务核算方面，也往往存在从以纳税要求为导向过渡到以会计准则为导向的过程。

在完善的过程之中，经常出现的问题是：生产经营往往存在必要的内控程序，但却无法生成真实的会计信息。原因就在于：公司的会计核算不是建立在生产经营数据的基础之上，而是建立在发票体系上，即会计处理主要依赖销售、采购、费用等各类开具的或收到的发票之上。如果不开具发票，销售出去了也不确认收入，如果不取得发票，采购进来了也不确认成本，发生费用了也不确认费用。

在实务中，多数中小民营企业并没有根据会计准则进行财务规范的外部约束，与之形成对照的，是强硬的税收征管体系，而税收体系下的报表又经常是以开具发票和取得发票作为依据编制的。正常情况下，会计和纳税是两个不同的体系，会计报表和纳税报表不尽相同，但实务中为了简化处理或符合税务主管部门的要求，会计核算往往只以发票作为记账依据，对外报表也即用以满足税务需求的税务报表。

建立在发票体系之上的记账方式，给会计核算造成了严重的伤害。以产品销售收入为例，只要根据客户要求开具了发票，账面上就确认收入并据以申报纳税，根本不会考虑产品是否已交付等产品销售确认原则问题。如果

IPO公司报告期内的原始报表存在上述的发票体系报表，那么根据规范的思路，申报报表需要根据真实的业务信息和会计原则，重新确认收入并计算成本费用，由此形成了重大会计差错更正，并有可能补交较多的税款。

11.4.1　对发票体系下报表进行更正的几种情况

在实务中，对发票体系下的报表进行更正存在几种不同情况，有些情况属于内控缺陷，而有些情况则涉及IPO公司的财务舞弊。

1. 公司业务均可以开具或取得合法发票

公司的全部销售均对客户开具发票，全部采购均可以取得供应商的合法发票，在这种情况下，原始报表存在的可能只是收入和成本费用的跨期问题，是时间性差异，相关的差错更正可以理解为是会计方法运用不当造成的，性质上属于错误引起的差错。

2. 公司存在不开具或无法取得发票的情况

实务中，有些行业或公司的销售客户可能并不是全部需要开具发票，供应商也不一定全部提供发票。在发票体系下，对外销售不开发票，可以不交流转税和所得税，账面也不确认收入；对外采购不要发票，则可以节约资金，账面也不确认成本或费用。在这种情况下，发票体系很有可能掩盖了公司的偷税行为。

公司一旦出现了利用发票来偷逃税款的动机，自然会出现所谓的“两套账”。即一套外账，发票为基础的，报税务用；一套内账，真实经营数据为基础的，内部管理用。只要存在内账，大部分无票的收入和成本费用都会通过体外资金完成收支，为了增加隐蔽性，体外资金大多数是通过现金或个人银行卡进行管理。

IPO公司存在大量的账外收支的情况，在性质上属于以偷税为目的的财务舞弊。在这种情况下，对原始报表进行差错更正经常存在几个重要问题：一是经营单据缺少发票的支持，业务的真实性难以认定；二是账外资金通常是现金或个人银行卡，资金的权属也无法绝对确定属于公司；三是很可能需要补缴巨额税款，税收合法性和内部控制都存在明显问题。所以，一旦明确存在“两套账”，在技术上几乎已经无法再恢复出真实的报表。

3. 公司存在开具虚假发票的情况

2013 年 7 月，跨国医药巨头葛兰素史克公司被曝出商业贿赂[⊖]，其手段之一，就是通过国内多家旅行社“走账”，方式则是内部培训会或者举办年会这样的会务形式等，套取大量资金向利益人员行贿，进而获取高药价、高销量。而从旅行社取得的培训或会务发票则用以财务报销记账。

葛兰素史克公司的案例，揭露了实务中常见的假发票（发票不一定是假的，所谓假，是没有真实的交易背景下虚开的发票）问题。对于 IPO 公司，假发票问题亦属于常见问题，尤其是在医药、政府工程等一些灰色支出比较普遍的行业。

（1）开具假发票的动机。使用假发票，一是源于避税或转移资金的考虑，通过发票报销用于支付红利，发放奖金，逃避了企业所得税和个人所得税；二是源于灰色支出的合法化，在某些行业，经营环节普遍存在商业回扣、贿赂等灰色支出，当然不可能取得正式发票，只能通过假发票来掩盖灰色交易；三是源于部分供应商，如个人提供外包服务的，不能提供合法发票，而只能通过其他发票支出；四是出于业务造假的原因，通过假发票将费用进行资本化处理，或用假发票将资金转出并用于业绩造假。

（2）开具假发票的财务影响。常见的假发票包括服务业发票（如咨询、会议、旅行社支出等），普通商业发票，建筑业专用发票等，增值税专用发票较为少见。在会计处理上，服务业发票直接进费用，甚至可以资本化。普通商业发票可以作采购入库存，建筑业专用发票可以形成在建工程等。

财务使用假发票，也经常会有一些常见迹象，主要包括：费用中存在

⊖ 来源：2013 年 7 月 15 日《北京晨报》“药企葛兰素史克被曝接受‘美人计’涉及性贿赂”。

较多的咨询费、会议费等内容，一般没有合同，或者有合同，但内容明显粗糙；增值税一般纳税人企业，存在金额较大的普通采购发票，且开票方并非稳定的常年供应商；存在大额的工程类发票，但公司并没有相应规模的工程支出；开票方与付款对象不一致，或使用大额现金付款；自然人股东存在大的现金增资，但增资前后公司并没有分红。

（3）使用假发票的性质。不考虑员工使用假发票侵占资金的情况，如果IPO公司使用假发票报账，其性质是否属于管理层的财务舞弊，关键是要判断假发票是否形成了虚假的财务报表。

一种情况，尽管使用了假发票，但会计确认成本或费用的性质和金额都没有改变，比如，销售中的公关费用，用假发票报账后仍然计入费用，这种情况下，尽管往往存在税收违法行为，但其并不是以操纵报表为目的，性质上不属于财务舞弊；再一种情况，如果使用了假发票，将本属于费用的项目包装成资本化项目，比如，实际支出的是费用项目，但用工程发票入账并计入在建工程，或者将本属于购买资产的支出包装成费用处理等，那么都会形成虚假的报表，在性质上则属于财务舞弊；还有一种情况，如果用假发票的目的在于使资金从内部流出并用于业务作假，则假发票的内容基本都是用于购置长期资产，虚构利润的同时增加长期资产，性质上则是系统财务舞弊的一个环节。

11.4.2　IPO 发票问题的几种对策

对于只是时间性差异的开票确认问题，尽管有差错更正和补税行为，但并不构成舞弊或偷税行为，一般情况下并不会为IPO带来实质性的障碍。但对于发票使用不完整并形成“两套账”，以及使用假发票的情况，则应根据是否存在舞弊或偷税的性质进行相应的处理。

1. 判断存在的税务风险

通过内、外账偷逃税款，或通过假发票偷逃税款，如果金额重大，蕴含着重大的税务风险。鉴于IPO报告期内对税收违法和内控缺陷的较高要求，存在上述情况的期间，即使已做出更正并补税，一般也不宜纳入报告期。

实务中，“补税上市”的方式不被接受后，一些 IPO 公司干脆不再进行更正补税，而是以原始报表为基础直接进行申报，这不但形成了申报财务信息的造假行为，而且往往逃税期间的业绩与经营情况，以及与正常期间的财务数据都无法合理的对比解释，存在很大的审核风险。

如果报告期内已规范了上述偷税行为，但报告期之前的期间存在重大的偷税，由于上市主体的延续性，故 IPO 公司仍然可能存在重大的、无法消除的税收风险，这种情况下，放弃原上市主体，新设或重新选择一个规范的主体，重新规范运行后再进行 IPO，很可能是一种现实的选择。

2. 对发票问题的规范

（1）以会计准则为依据进行会计核算。IPO 公司应正确区分发票体系和会计核算体系，发票是会计核算的重要业务单据，但收入和成本费用的处理并不依赖于发票，会计核算应以会计准则为依据，无论是否有发票，均根据实际的业务内容进行会计处理。

（2）避免使用假发票。使用假发票，要么构成内控缺陷，要么构成舞弊。实务中，应尽量与能提供合法发票的规范的供应或服务商进行交易，避免不能取得发票的情况；对于分红发奖金的，应按规定交个人所得税，而不是通过发票报销处理；对于实际发生的无可避免的一些无票支出，可行的办法，一是将相关支出通过商业关系转移至无关联第三方承担，将不合法行为完全隔离在 IPO 公司体外；二是对于一些个人服务无法提供合法发票的，可以采取税务局代开发票的形式，缴税后作为劳务费入账。

11.5　报表科目的财务操纵信号

财务操纵的主要目的是虚增或平滑业绩，以及美化现金流量。除非业务流程和财务流程设计极为缜密的系统舞弊，一般的财务操纵都会在财务报表上留下或多或少的异常信息，而这些异常信息正是进一步判断是否存在财务操纵的信号。

IPO公司财务报表科目中主要存在的财务操纵信号如下。

1. 应收账款

应收账款大幅增长，且增长幅度超过同期收入增长，应收账款周转率低于同行业水平，或者呈现下降趋势。以上信息往往预示着两种操纵可能，一是公司可能临时放宽了信用政策，短期内促进了收入增加；二是公司可能存在提前确认收入或虚构收入的情况。

2. 预付账款

预付账款大幅增长，尤其是预付工程款或预付专利或非专利技术的采购款的不合理增长，则可能存在通过预付款流出资金，最终以流出资金虚增利润的情况。

3. 存货

存货，尤其是数量和价值不易确定的存货大幅增长，且增长幅度超过同期成本增长，存货周转率低于同行业水平，或者呈现下降趋势，往往预示着几种操纵可能，一是可能是通过虚构存货采购流出资金，最终用以虚增利润；二是通过虚减生产中的单耗，降低产品单位成本并虚增产品数量，并最终形成虚构利润；三是存货积压，应提但未计提大量的跌价准备而形成利润虚计。

4. 在建工程

在建工程由于往往具有总造价高、工程进度难以确定，以及实际造价难以计量的特点，是虚计利润的一个常见隐藏科目。在建工程大幅增加，尤其是和生产经营规模和发展规划不相适应的持续增加，往往预示着两种操纵可能，一是通过在建工程的采购将资金转出，并最终形成虚构利润；二是将应予当期费用化的支出包装成在建工程成本。

5. 无形资产

无形资产采购，主要指外购专利或非专利技术等的采购，具有交易无实物形态，作价公允性不容易确定，外购后使用情况不容易确认的特点，是虚计利润的一个常见隐藏科目。外购技术大幅增加，尤其是与目前生产经营相关性不强的外购技术的意外增加，往往预示着通过外购无形资产将资金转出，并最终形成虚构利润。

基于开发支出资本化缺乏可控性的特点，如果内部开发形成的无形资产持续增加，且资本化金额在整体研发费用中占比较大，往往预示着可能存在利用开发支出粉饰业绩的行为。

基于无形资产减值准备不宜计量的特点，如果专利及非专利技术等无形资产在总资产和净资产中占比过大，与当前的经营规模明显不相适应，则预示着部分无形资产可能已不能带来经济利益。如果报表中并未对无形资产计提减值准备，则很可能存在通过应计未计减值准备虚增利润的情况。

6. 商誉

根据会计准则，只有在非同一控制下的收购才会形成商誉。由于商誉不用摊销而只需要进行减值测试，其是否需要计提减值往往难以确定，故是虚计利润的一个常见隐藏科目。商誉的金额取决于收购价与被收购方可辨认净资产公允价值，而被收购方账面未予记载的无形资产是否确认为可辨认净资产对可辨认净资产的公允价值影响巨大，未予记载的无形资产是否应确认的关键则是其是否可单独区分并可单独计量。确认的无形资产通常需要在收购后分期摊销，故在同样的条件下，确认的未予记载的无形资产的公允价值越高，确认的商誉价值就越小，无形资产摊销对收购后利润的影响就越大。

商誉大幅度增加，甚至收购价格大部分形成了商誉，往往预示着两种可能，一是通过与出售方串通提高收购价，将虚高的资金转出并用以虚构利润；二是可辨认净资产的公允价值确认过低，尤其是故意不确认或压低确认并购资产中的无形资产公允价值，以通过不摊销或少摊销来虚增利润。

基于商誉减值准备不宜计量的特点，如果被并购方在并购后持续未达到预期的经营业绩，预示着商誉可能已不能带来经济利益，如果报表中并未对商誉计提减值准备，则很可能存在通过应计未计减值准备虚增利润的情况。

7. 递延所得税资产

会计准则规定，递延所得税资产的确认应以未来期间很可能取得的用来抵扣可抵扣暂时性差异的应纳税所得额为限，而未来期间的应纳税所得额涉及较多的会计估计。递延所得税资产的虚计常见于对可抵扣亏损未来是否可以得到弥补的估计，一般理解，确认可抵扣亏损产生的递延所得税资产在会计方法上较为激进，常常会被认为是一种业绩粉饰行为。

8. 应付职工薪酬

通过应付职工薪酬的预提，尤其是年终奖金、效益奖金等非固定工资的预提来调节利润是常见的方法。应付职工薪酬的余额在各年年末波动很大，各年度计提金额差异较大，但工资实际发放金额差异不大的情况，往往预示着通过应付工资的随意预提来平滑业绩。

9. 业务收入

报告期内存在异常收入，异常收入又经常是能够大幅提升特定期间的业绩的高毛利收入，则往往预示着收入操纵。异常收入的特征包括：一是偶发性，包括偶发的交易模式、偶发的产品、偶发的客户等；二是交易标的不具备实物形态或对交易对手而言不具有合理用途，比如，销售软件产品、提供技术服务等收入；三是交易价格明显偏离正常市场价格。

10. 毛利率

综合毛利率取决于不同产品的销售结构和不同产品的毛利率，毛利率取决于单位售价和单位成本，单位成本包括材料成本、人工成本及费用成本，其中材料成本往往占比较大，材料成本受制于原料单耗水平和原料单位成本两个因素。毛利率异常，可以细分为销售结构异常、单位售价异常、原料单位成本异常和原料单耗水平异常，是否存在异常，主要是以不同期间相关指标的连续对照、同行业之间的毛利比较、单位售价或单位采购价与市场价格的比较等进行判断。无法合理解释的毛利率异常，通常代表可能存在财务操纵。

11. 期间费用率

期间费用率，主要是指销售费用和管理费用两项期间费用占主营业务收入的比率。不同行业的费用率水平不同，但同行业之间通常存在可比性。如果期间费用率低于同行业水平，或者期间费用率持续下降，往往预示着可能存在财务操纵。

有些费用项目，与收入存在线性关系，比如销售收入与运输费、销售收入与销售佣金、出口收入与海关费用等。如果相关费用项目与收入不存在相对稳定的关系，往往预示着可能存在财务操纵。

12. 经营性现金流量

经营性现金净流量持续为负，或与净利润严重背离，往往预示着可能存在业绩操纵；经营性现金流量在最后一个年度突然大幅提升，则可能预示着最后一年通过加速收款和推迟付款来粉饰现金流量；经营性现金流量持续优于同行业水平，但同时投资性现金流量持续为大额负数，则可能存在配合收入舞弊，现金先包装成投资性现金流出再包装成经营性现金流入的情况。

财务报表科目存在异常信号，并不代表 IPO 公司一定存在财务操纵，但在审核过程中肯定属于重点关注的事项。故 IPO 公司财务报表如果存在异常信息，应结合经营模式的特点、主要供应商和客户的背景、产能利用率和产销量等非财务信息进行可靠的综合分析，才能最终摆脱财务操纵的嫌疑。上市审核中对财务操纵的“容忍度”很低，如果重要的财务异常信息无法解释清楚，实际上是很难通过发行审核的。

11.6　隐蔽的“利润调节器”

相对于一些“热门”的利润调节手段，实务中还存在一些容易被忽略的“利润调节器”，这些调节方法往往产生于不引人关注的经营行为、存在于不引人关注的会计要素，其影响的金额似乎也不是那么的重大。但有些IPO公司的规模本身较小，其收入和利润的重要性水平较低，很多被忽略的利润调节，尽管绝对金额可能不大，却足以对IPO公司的会计报表造成重大的影响。

以下是实务中容易被忽略的四种“利润调节器”。

11.6.1　跨期调整

跨期调整，指IPO公司通过报告期内各截止日前后业务发生时间的调整，来实现收入和利润在不同期间进行调整的目的。

跨期调整的动机，一是为了更好地满足首发办法对业绩增长的要求。比如创业板公司，其会计指标要求体现出高成长性，营业收入有些情况下也需要有年度30%以上的增长。二是为了使报告期内收入或利润体现出成长曲线，更易于通过审核。

会计技术上，对报告期内的收入和费用进行跨期调整，都可能会成为IPO公司平滑会计指标的重要手段。

跨期调整非常容易实施，方法主要有两类，一类是修改截止日前后相关业务单据的日期，并据以进行会计处理。比如，生产型企业，一般以出库或送达作为收入实现标志，通过将下一年度前几日产品出库时间和送达客户时间修改成上一年度的后几日，就可以提前确认部分收入。另一类则是通过与客户串通，控制业务发生的时间，或控制业务达到收入确认的节点，来实现收入和利润的提前或延后确认。比如，与客户达成一致，将本应正常在截止日之后的发货提到截止日之前发出，客户签收后则在截止日前提前确认了收入。

跨期调整的金额普遍不会很大，但有时候对收入或利润趋势的影响却是方向性的。实务中，跨期调整普遍认为性质不严重，是常见的财务操纵手段。但从性质上，跨期调整有可能属于舞弊行为，如采取直接修改业务单据日期的方法；也有可能属于业绩粉饰，如采用客户串通发货日期的方法。

11.6.2　不按规定足额缴纳员工社保

依法为员工缴纳社保费用是 IPO 公司必须履行的法定义务，更是上市审核的重点内容。按标准，公司负担的社保费用应在工资总额的 40% 以上，对于中小公司，尤其是知识密集型和劳动密集型的公司，社保成本是一块不小的成本。

实务中，很多 IPO 公司并未按规定足额缴纳社保。在未准备上市前，很多公司都是把社保作为一种福利，只是为部分核心人员缴纳，实际上少计了部分人工成本；进入 IPO 阶段，通过上市过程中的整改，虽然多数公司能够做到全员社保，但又往往不采用工资总额作为计缴标准，采用当地最低标准计缴的公司不在少数，这也造成人工成本的少计。

不按规定缴纳员工社保，除合法性问题外，还存在一个容易被忽略的财务问题。与足额缴纳相比，或是与足额缴纳社保的其他公司相比，不按规定缴纳社保的公司在客观上少计了人工成本，实质上虚增了会计利润。

11.6.3　不恰当地确认递延所得税资产

递延所得税资产的确认，意味着所得税费用的减少及净利润的增加。部分可抵扣暂时性差异的确认，依赖于公司的主观判断，故通过不恰当的确认递延所得税资产，容易带来调节利润的行为。

以下列举实务中容易形成不当确认资产的两种暂时性差异。

1. 全额计提的资产减值准备

全额计提减值的资产，往往已形成永久性的损失，其暂时性差异的转回，取决于处置该资产的时间，以及处置损失能否得到税务部门的认定。处置时间是公司能够控制的，而处置损失能否得到税务部门的认可则存在较大的不确定性。

2. 可抵扣亏损

公司产生的可抵扣亏损，能够减少未来期间的应交所得税，故在原则上会产生递延所得税资产。但是，在规定的期间内，公司能否产生足够的应纳税所得额来弥补亏损，则完全依赖于公司的盈利预测。

11.6.4 不正确地进行内部交易的合并抵消

内部交易产生的内部利润，在编制合并报表时应予抵消。但实际情况是，确定内部利润经常依赖于主观估计，精确的内部抵消几乎是不可能完成的任务。故通过不正确的内部抵消，也可以隐蔽地实现虚增利润的目的。

以存货抵消为例：甲方向乙方销售存货，要进行抵消，首先要确定期末已销售给乙方但乙方尚未对外售出的存货；其次要确定甲方销售该笔存货所确认的毛利。除非实物唯一编码、财务上个别核算，否则，这两个数据都是难以精确确定的。实务中，往往是大致估计存货余额，并采用综合的毛利率进行测算，通过对存货余额和毛利率的不同估计，可以隐蔽地达到提升部分业绩的目的。

实务中容易被忽略的“利润调节器”，究其根本，是利用了经营行为的模糊之处，以及会计估计带来的主观判断。对于IPO公司来说，应本着稳健的原则，合法合规经营，正确进行会计估计，减少上述隐蔽的利润调节，以免受到业绩粉饰的质疑。

第12章 解读IPO财务专项核查

回顾近几年的IPO历程，财务审核伴随着一些标志性事件，审核规则逐步完善，财务信息的核查和披露要求不断提升。

2008年的“鱼跃医疗”事件，引发了当时流行的“补税上市”（所谓“补税上市”，是部分IPO公司出于少缴税款的动机，致使报告期内的原始报表收入和利润较差，其通过重大差错更正，同时补交巨额税款，在申报报表上恢复相对真实的业绩）的争论。如果上升到首发条文，“补税上市”不但有偷税漏税的重大违法嫌疑，也直接影响内部控制有效性的结论。这次争论直接终结了“补税上市”的操作。

创业板推出后，由于上市门槛的降低，“包装上市”甚嚣尘上，通过财务规划美化报告期内的经营业绩，甚至通过财务舞弊编制虚假报表，结果导致了大量的上市后即业绩“变脸”的公司。

2010年的“绿大地”事件，成为一系列IPO财务舞弊的导火线，接踵而至的包括新大地、天能科技、万福生科等。这一系列舞弊丑闻，直接引发了2013年的IPO财务核查风暴。

2012年年底，证监会陆续发布14号文[一]、89号文[二]以及551号文[三]，在551号文中，非常明确地提出了重点核查的12条事项（12条），核查重点直指IPO公司的财务造假和业绩粉饰等财务操纵行为。

551号文规定的12条重点核查事项如下。

（1）以自我交易的方式实现收入、利润的虚假增长，即首先通过虚构交易（例如，支付往来款项、购买原材料等）将大额资金转出，再将上述资金设法转入发行人客户，最终以销售交易的方式将资金转回。

（2）发行人或关联方与其客户或供应商以私下利益交换等方法进行恶意串通以实现收入、盈利的虚假增长。如直销模式下，与客户串通，通过期末集中发货提前确认收入，或放宽信用政策，以更长的信用周期换取收入增加。经销或加盟商模式下，加大经销商或加盟商铺货数量，提前确认收入等。

（3）关联方或其他利益相关方代发行人支付成本、费用或者采用无偿或不公允的交易价格向发行人提供经济资源。

（4）保荐机构及其关联方、PE投资机构及其关联方、PE投资机构的股东或实际控制人控制或投资的其他企业在申报期内最后一年与发行人发生大额交易从而导致发行人在申报期内最后一年收入、利润出现较大幅度增长。

（5）利用体外资金支付货款，少计原材料采购数量及金额，虚减当期成本，虚构利润。

[一] 证监会公告[2012]14号《关于进一步提高首发股票财务信披质量有关问题的意见》。

[二] 证监办法[2012]89号《关于印发〈会计监管风险提示第4号——首次公开发行股票公司审计〉的通知》。

[三] 发行监管函[2012]551号《关于做好首次公开发行股票公司2012年度财务报告专项检查工作的通知》。

（6）采用技术手段或其他方法指使关联方或其他法人、自然人冒充互联网或移动互联网客户与发行人（即互联网或移动互联网服务企业）进行交易以实现收入、盈利的虚假增长等。

（7）将本应计入当期成本、费用的支出混入存货、在建工程等资产项目的归集和分配过程以达到少计当期成本费用的目的。

（8）压低员工薪金，阶段性降低人工成本粉饰业绩。

（9）推迟正常经营管理所需费用开支，通过延迟成本费用发生期间，增加利润，粉饰报表。

（10）期末对欠款坏账、存货跌价等资产减值可能估计不足。

（11）推迟在建工程转固时间或外购固定资产达到预定使用状态时间等，延迟固定资产开始计提折旧时间。

（12）其他可能导致公司财务信息披露失真、粉饰业绩或财务造假的情况。

12.1 12 条核查的解析

从核查事项的性质上看，12 条中，既包括了明显的舞弊行为，如自我交易、体外付款、关联方代付成本、费用资本化及推迟转固等，又包括了明显的粉饰行为，如阶段性降薪、减值准备不足额估计、推迟费用等。其中还有不太明确的，比如，与客户或供应商的串通交易，如果存在私下利益交换，则属于舞弊，如果不存在就属于粉饰；PE 带来的临时客户，如果是真实交易，最多构成业绩粉饰，如果存在私下利益交换，则属于舞弊。

从核查事项的操纵方法上看，除减值准备不足额估计属于会计方法外，其他都属于非会计方法。具体到非会计方法的操纵手法上，有通过内部经营文件或经营数据作假，或人为改变内部经营行为来操作的，如费用资本化、推迟转固、阶段性降薪、推迟费用等；有通过与关联方串通实现的，如关联方代付成本；有通过与交易对手串通实现的，如串通交易。当然，凡属于与第三方串通的，存在经营数据作假的可能性也比较大。

12.2　12 条核查的思路

12.2.1　强化有效的审计程序

常规审计程序是建立在内控基础之上的，大部分程序无法应对舞弊。有利于发现舞弊的只有“两个半”程序，一个是函证，一个是盘点，还有半个是分析性复核。函证和盘点有效的关键是核查方独立实施；分析性复核是通过对照非财务数据来印证财务数据的合理性，之所以是半有效，是因为核查者通常非行业或管理专家，对非财务数据的把握难以深入。

所以，强化函证、盘点和分析性复核，是固有审计程序中可运用的重要方法。

12.2.2　财务核查的特别程序

1. 银行资金流水的核查

一桩看似完美的自我销售，要实现闭环，必须有交易对象、业务单据以及资金流转的配合，其中资金流转的难度最大。从资金来源上看，实际控制人真金白银掏钱买业绩的不是主流，常见的是先通过虚构长期资产等将资金转出公司，再想办法通过销售路径将资金收回。从交易对象上看，可能是真实的客户，也可能是关联方，对于真实的交易对手，控制资金通过整个交易环节通常是不容易的，所以，自我交易的资金去向或来源跟供应商或客户有可能并不一致，更极端的，甚至有可能会编造假的银行对账单来实现空转。

以上，就是为什么要重点核查资金流水的逻辑。核查方通过独立打印银行对账单，寻找大额资金流出流入的金额和时点上的异常之处，以及资金来源和去向与交易对手不一致的情况，都可能会成为发现舞弊的线索。

2. 关联方的核查

通过关联方输送利益操纵业绩，有两种渠道，一种是非公允的关联交易，另一种是关联方代付成本和费用。对于已经存在的关联交易，核查其公允性是比较直接的，但对于隐蔽的利润输送，只有通过核查关联方的账簿和资金流水，才有可能发现代付员工工资、代付供应商采购款等输送利润的确切证据。

关联关系的紧密程度不同，进行利益输送的可能性也大不一样。一般情况下，实际控制方以及同一控制下的关联方是核查的重点。再进一步，行业相关或相近的关联方，由于可能存在共同的交易对手，所以利益输送的可能性更大；业绩明显偏低的关联方可能承担了额外的成本和费用，更应该是核查的重中之重。

3. 交易对手的核查

核查客户和供应商等交易对手的目标有两个，一是发现未披露的关联方及背后的非关联化的关联交易，二是证实交易的真实性。交易对手核查对象的选择标准，一是交易金额重大的；二是存在异常交易的，异常交易指偶发的，或交易标的不具备实物形态的；三是不具有稳定性，新增或新减的。从核查手段上，一是调取其工商档案，二是现场走访。

通过调档和走访，取得交易对手的股东信息、关键管理人员信息、关键经办人员信息、注册和办公地址等信息，可以有助于确定是否存在关联关系；通过了解交易对手的性质、规模，交易的合理用途、付款能力，货物的来源和去向，可以判断业务的真实性。

由于存在通过大量铺货提升业绩的便利，所以交易对手中的经销商和加盟商应重点核查。通过了解其经营规模、经营情况，退换货情况以及实际库存情况，可以判断相关收入的真实性和可持续性。

12.3　财务核查将成为 IPO 常态

据 2013 年 10 月 11 日中国证监会新闻发布会[⊖]介绍，2013 年财务专项检

⊖ 来源于中国证监会网站 www.csrc.gov.cn。

查过程中，共有622家企业提交了自查报告，268家提交终止申请，终止审查数量占比30.49%。证监会同时表示，一次专项检查工作不可能解决全部问题，今后将进一步细化IPO披露规则及要求，并采取发审会前抽查中介机构工作底稿等措施建立监督检查长效机制，提高发行监管的有效性。

虽然不能断言268家终止审查公司中有多少存在财务舞弊，但财务核查手段对于专项打击财务操纵确实显示出了巨大威力，且在未来的发行监管中很可能成为一种长效机制。

证监会2013年11月的发行体制改革，已明确将进一步加强对信息披露质量的监管。通过扩大核查边界，严打舞弊和粉饰，强化财务信息披露的真实性，这就是目前财务审核的核心趋势。从IPO公司的角度，只有放弃侥幸心态，稳健经营，提升内部控制和财务核算水平，杜绝财务舞弊和操纵，才能平稳实现“规范上市”的目标。

第五部分

案例附录

附录A　万福生科舞弊案例

附录B　绿大地舞弊案例

附录C　新大地舞弊案例

附录D　天能科技舞弊案例

附录A

万福生科舞弊案例

万福生科全称“万福生科（湖南）农业开发股份有限公司”，2011 年 9 月创业板上市，股票代码“300268”。万福生科集大米结晶葡萄糖、大米高蛋白、高麦芽糖浆等淀粉糖系列产品的生产、销售，粮食收购、储备及科技研发为一体，是稻米深加工副产品综合利用循环经济企业。

2012 年 9 月，万福生科涉嫌财务舞弊被中国证监会立案稽查；2013 年 10 月，中国证监会公布《行政处罚决定书》⊖，认定万福生科存在的违法事实如下。

1. 万福生科《首次公开发行股票并在创业板上市招股说明书》披露的 2008 ～ 2010 年财务数据存在虚假记载，公司不符合公开发行股票的条件

万福生科公告的《首次公开发行股票并在创业板上市招股说明书》披露，2008 年、2009 年、2010 年的营业收入分别为

⊖ 来源于中国证监会网站 www.csrc.gov.vn。

22 824 万元、32 765 万元、43 359 万，营业利润分别为 3 265 万元、4 200 万元、5 343 万元，净利润分别为 2 566 万元、3 956 万元、5 555 万元。

经查，万福生科为了达到公开发行股票并上市条件，由董事长兼总经理决策，并经财务总监覃学军安排人员执行，2008 ～ 2010 年分别虚增销售收入 12 262 万元、14 966 万元、19 074 万元，虚增营业利润 2 851 万元、3 857 万元、4 590 万元。扣除上述虚增营业利润后，万福生科 2008 ～ 2010 年扣除非经常性损益的净利润分别为 −332 万元、−71 万元、383 万元。

2. 万福生科《2011 年年度报告》存在虚假记载

万福生科 2012 年 4 月 16 日公告《2011 年年度报告》，披露公司 2011 年营业收入为 55 324 万元。经查，万福生科 2011 年虚增销售收入 28 681 万元。

3. 万福生科未就公司 2012 年上半年停产事项履行及时报告、公告义务

2012 年年初，万福生科下属糖厂、米厂和油厂停产，其糖品、大米等主营产品万福生科（湖南）农业开发股份有限公司生产陷入停顿。对主营业务处于停顿状态的事实，万福生科未依法履行及时报告、公告义务。

4. 万福生科《2012 年半年度报告》存在虚假记载和重大遗漏

万福生科 2012 年 8 月 23 日公告《2012 年半年度报告》，披露公司上半年营业收入为 26 991 万元。经查，万福生科 2012 年上半年虚增销售收入 16 549 万元。同时对于前述公司部分生产线 2012 年上半年停产的事项，万福生科也未在《2012 年半年度报告》中予以披露，存在重大遗漏。

万福生科是创业板首例欺诈上市案例。

附录B

绿大地舞弊案例

绿大地全称“云南绿大地生物科技股份有限公司”，于2007年12月在A股中小板上市，股票代码“002200”。公司主营业务为绿化苗木种植及销售，绿化工程设计及施工拥有“研发——种苗培育——苗木种植基地——工程设计及施工”完整产业链。

2010年3月，绿大地因涉嫌信息披露违规被证监会立案稽查；2013年5月证监会公布《处罚决定书》⊖，认定绿大地存在以下违法事实。

1. 在招股说明书中虚增资产、虚增业务收入

司法机关在相关刑事判决中认定，绿大地在招股说明书中虚增资产70 114 000元，虚增2004年至2007年6月间的业务收入296 102 891.70元。

⊖ 来源于中国证监会网站 www.csrc.gov.cn。

2. 绿大地在2007年、2008年、2009年年度报告中虚增资产、虚增业务收入

司法机关在相关刑事判决中认定，绿大地在2007年年度报告中虚增资产21 240 000元，虚增收入96 599 026.78元；在2008年年度报告中虚增资产163 353 150元，虚增收入85 646 822.39元；在2009年年度报告中虚增资产104 070 550元，虚增收入68 560 911.94元。

绿大地是中小板首例欺诈上市案例。

附录C

新大地舞弊案例

新大地全称“广东新大地生物科技股份有限公司”。公司是一家致力于油茶产业化的现代农业企业，主营业务为良种油茶苗的培育与推广及油茶精深加工系列产品的研发、生产和销售，涵盖了油茶全产业链的上、中、下游。

2012 年 5 月，新大地 IPO 申请获创业板发审委通过；在媒体提出质疑后，新大地及其保荐机构南京证券于 7 月向证监会提交终止发行上市申请；2012 年 8 月，证监会对新大地涉嫌违法违规行为立案调查；2013 年 10 月，证监会公布《行政处罚决定书》⊖，认定新大地存在以下违法事实。

新大地在 2012 年 4 月 12 日预披露的招股说明书申报稿以及上会稿中存在重大遗漏，且在 2009 ～ 2011 年年度报告中虚假记载，具体事实如下。

⊖ 来源于中国证监会网站 www.csrc.gov.cn。

1. 新大地通过多种手段虚增2011年利润总额1 521.07万元，占当年利润总额的36.13%

（1）新大地2011年财务账册多记向梅州市喜多多超市连锁有限公司（以下简称“喜多多超市”）、平远县农业局、梅州市林业局、深圳市铁汉生态环境股份有限公司、深圳致君药业有限公司、平远县飞龙实业有限公司飞龙超市（以下简称“飞龙超市”）、平远县林业局、平远县金利贸易有限公司（以下简称“平远金利”）、平远县财政局等9家客户的商品销售，共计虚增2011年营业收入2 246 928.38元，虚增营业成本1 169 434.58元，虚增利润总额1 077 493.8元。

（2）新大地2011年财务账册多记向梅州市梅江区风火综合商行、平远县健记土特产（以下简称“健记土特产”）、平远县通汇自选商场（以下简称“通汇自选商场”）、五华县春晖燃气发展有限公司县城总经销等4家客户的商品销售，多记部分的销售回款资金来源于新大地或其控制使用的公司及个人银行账户，共计虚增2011年营业收入850 544.3元，虚增营业成本529 016.74元，虚增利润总额321 527.56元。

（3）新大地利用黄运江向吴某平的借款，及其子黄某斌获得的贷款资金，从出借方账户直接转入新大地账户，或经新大地控制使用的账户转账至客户，并最终转入新大地，新大地据此确认销售回款917.94万元，虚增2011年营业收入8 001 161.81元，虚增营业成本3 828 530.1元，虚增利润总额4 172 631.71元。

（4）2011年6月，新大地转款135.2万元至其他账户，其中部分资金再转入新大地控制使用的平远县源源农副产品销售部（以下简称“源源农副”）账户，随即分别转款至梅塘西路宏德建材经营部等5家单位，该5家单位于收款当日转出等额资金至新大地；2011年12月，新大地转款40万元至新大地控制使用的账户，其中23.44万元再转入梅州市九州贸易有限公司（以下简称“九州贸易”），九州贸易于收款当日转出等额资金至新大地；2011年12月，新大地向其董事黄鲜露邮政储蓄银行账户存入资金200 100元，黄鲜露于当日向广州市越秀区嘉阳贸易商行（以下简称“嘉阳贸易”）转账200 050元（另付转账手续费50元），嘉阳贸易于收款当日转款20万元至新大地。上述最终划回新大地账户的资金被确认为销售回款，虚增2011年营业收入1 170 541.4元，虚增营业成本524 813.19元，虚增利润总额645 728.21元。

（5）2011年11月，新大地将五华县财政局应拨付其的政府补贴款100万元，经新大地控制使用的梅州维运新农业发展有限公司（以下简称“维运新农业”，原名“新大地油茶发展有限公司”）账户转款45万元至九州贸易，九州贸易于收款当日转出等额资金至新大地，新大地据此确认销售回款，虚增2011年营业收入387 584.53元，虚增营业成本123 204.7元，虚增利润总额264 379 83元。

（6）2011年12月，凌梅兰向天津久丰股权投资基金合伙企业（以下简称“天津久丰”）转让新大地股份应收的股权转让款300万元，经新大地控制使用的梅州志联实业有限公司（以下简称“梅州志联”）账户，分别转款30万元、23.19万元和20.44万元至梅州市梅江区伟梅商行、梅州市鸿隆实业有限公司和嘉阳贸易，以上3家公司于收款当日转出等额资金至新大地。新大地据此确认销售回款，虚增2011年营业收入646 920.66元，虚增营业成本341 016.8元，虚增利润总额305 903.86元。

（7）2011年，由新大地提供资金，经新大地的关联方梅州市曼陀神露山茶油专卖店（以下简称“曼陀神露”）、梅州志联账户等最终回到新大地，虚增2011年营业收入3 920 221.5元，虚增营业成本2 383 143.75元，虚增利润总额1 537 077.75元。

（8）2011年3～5月、11～12月、2012年6月，由新大地提供资金，经梅州志联、新大地关联方梅州市三鑫有限公司（以下简称“梅州三鑫”）、源源农副账户转款至梅州市康之基农业科技发展有限公司（以下简称“康之基”）账户，再转入新大地；此外以康之基名义向新大地存入现金，以上共转入或存入新大地资金2 919 500元，由新大地确认为销售回款，虚增2011年营业收入2 342 035.4元，虚增营业成本1 643 835.32元，虚增利润总额698 200.08元。

（9）2011年3月，新大地从维运新农业账户转出资金，经维顺农工贸发展有限公司（以下简称“维顺农工贸”）转入新大地；4月、5月和10月，新大地将其自有资金及平远县人民政府办公室拨付其的资金，通过维运新农业、梅州志联、梅州三鑫、源源农副等账户，经维顺农工贸转入新大地；12月，新大地将来源于黄运江向吴某平的借款资金，经维顺农工贸转入新大地。以上共转入新大地资金3 225 840元，新大地据此确认为销售回款，虚增2011年营业收入2 827 970.59元，虚增营业成本1 793 117.77元，虚增利润总额1 034 852.82元。

（10）2011年11月、12月，新大地以采购货物、支付劳务费名义向其控制使用的个人账户转入资金，之后全额或部分取出，同时从源源农副等其他账户（资金最终来源为新大地获取的财政补贴款，黄运江、凌梅兰及其子黄某斌的借款或新大地股权转让款）取现，并先后于取现当日以178个客户销售回款的名义存入新大地银行账户。共有14天存在上述存取款业务在同一天、同一银行网点由新大地同一经办人办理，存取金额全部或基本相同的情形，合计确认销售回款9 112 794元，虚增2011年营业收入7 996 270.6元，虚增营业成本4 979 457.29元，虚增利润总额3 016 813.31元。

（11）2011年2月、6～8月，新大地将获取的财政补贴款等多项资金，转入新大地控制使用的账户后，以采购货物，支付差旅费、备用金名义取现，并先后于取现当日以52个客户销售回款的名义直接存入新大地。共有6天存在上述存取款业务在同一天、同一银行网点由新大地同一经办人办理，存取金额全部或基本相同的情形，合计确认销售回款2 557 495元，虚增2011年营业收入2 260 328.3元，虚增营业成本1 425 691.55元，虚增利润总额834 636.75元。

（12）2011年1～6月、9月、11月、12月，新大地获取的财政补贴款等多项资金，转入梅州三鑫、梅州志联银行账户后，再转入源源农副账户或新大地关联方凌某平、黄某燕等个人账户后取现，并先后于取现当日以129个客户销售回款的名义直接存入新大地。共有19天存在上述存取款业务在同一天、同一银行网点由新大地同一经办人办理，存取金额全部或基本相同的情形，合计确认销售回款10 150 723元，虚增2011年营业收入8 909 015.58元，虚增营业成本5 268 758.14元，虚增利润总额3 640 257.45元。

上述第1～12项存在重复计算的虚增营业收入6 150 129.86元、虚增营业成本3 811 340.55元、虚增利润总额2 338 789.31元，在合并计算时已予以剔除。

2. 新大地通过多种手段虚增2010年利润总额289.15万元，占当年利润总额的10.89%

（1）新大地2010年财务账册多记向喜多多超市、平远县农业局、梅州市林业局、飞龙超市、平远金利和平远县财政局等6家客户的销售业务，虚增2010年营业收入1 297 533.83元，虚增营业成本625 420.2元，虚增利润总额672 113.63元。

（2）新大地2010年财务账册多记向健记土特产、通汇自选商场两家客户的商商品销售，多记部分的销售回款资金来源于新大地的关联方梅州市绿康农副产品经营部（以下简称“梅州绿康”）账户和凌某平账户，共计虚增2010年营业收入55 574.18元，虚增营业成本29 180.21元，虚增利润总额26 393.97元。

（3）2010年5月、8月、11月，新大地关联方陈某、梅州三鑫转款至新大地控制使用的银行账户，随即分别转款11万元、8.2万元和19.9万元至新大地账户，新大地确认为销售回款，虚增2010年营业收入344 792.45元，虚增营业成本206 768.91元，虚增利润总额138 023.54元。

（4）2010年6月，新大地经其他账户转款至其控制使用的平远县绿丰农业科技发展有限公司（以下简称“绿丰农业”）账户、梅州绿康账户，最终从曼陀神露转款25万元回到新大地；2010年，新大地关联方凌某平和梅州市鸿达装饰有限公司（以下简称“鸿达装饰”）分6次转款合计644 787元至曼陀神露，曼陀神露随即转入新大地，合计转入651 947元。新大地将以上收到的资金确认为销售回款，虚增2010年营业收入791 882.86元，虚增营业成本393 847.8元，虚增利润总额398 035.06元。

（5）2010年3～12月，新大地从凌梅兰、凌某平个人银行账户提取现金，并先后于取现当日以163个客户销售回款的名义存入新大地。共有16天存在上述存取款业务在同一天、同一银行网点由新大地同一经办人办理，存取金额全部或基本相同的情形，合计确认销售回款2 557 900元，虚增2010年营业收入2 251 792.90元，虚增营业成本1 491 888.25元，虚增利润总额759 904.65元。

（6）2010年6～11月，新大地自有资金、新大地获取的专项资金或鸿达装饰账户的资金，通过往来款等名义转出至平远县二轻建筑工程公司（以下简称“平远二轻建”）、梅州三鑫账户，再经绿丰农业、梅州绿康账户多次转账并取现后，以客户名义存入新大地。共有15天存在上述存取款业务在同一天、同一银行网点由新大地同一经办人办理，存取金额全部或基本相同的情形，合计确认销售回款2 919 000元，虚增2010年营业收入2 573 223.65元，虚增营业成本1 509 565.34元，虚增利润总额1 063 658.31元。

上述第1～6项存在重复计算的虚增营业收入320 748.49元、虚增营业成本154 075.59元、虚增利润总额166 672.90元，在合并计算时已予以剔除。

3. 新大地通过多种手段虚增2009年利润总额251.9万元，占当年利润总额的14.87%

（1）新大地2009年财务账册多记向喜多多超市、梅州市林业局、平远金利和平远县财政局等4家客户的销售业务，虚增2009年营业收入405 310.92元，虚增营业成本194 131.97元，虚增利润总额211 178.95元。

（2）2009年5月，鸿达装饰及梅州三鑫账户转款至梅州绿康，5月、6月、7月梅州绿康分别向新大地转款2.2万元、15.93万元、5.3万元，新大地确认为销售回款，虚增2009年营业收入207 345.12元，虚增营业成本76 713.01元，虚增利润总额130 632.11元。

（3）新大地通过其控制的账户及曼陀神露虚增2009年营业收入2 929 538.99元，虚增营业成本952 265.95元，虚增利润总额1 977 273.04元。

（4）2008年，新大地与立信会计师事务所有限公司签订《业务约定书》，约定分期支付中介服务费用，新大地将已支付的20万元中介服务费用记录为预付账款，少计2009年管理费用20万元，多计预付账款20万元。

4. 新大地2009～2011年虚增固定资产

新大地2009～2011年以支付工程款的名义划款至平远二轻建，由此形成在建工程，并最终计入固定资产项下，而平远二轻建并未为其实施工程建造，由此，新大地2009年虚增固定资产227.68万元，2010年虚增固定资产648.73万元，2011年虚增固定资产264.5万元。

5. 新大地在2012年4月12日预披露的招股说明书申报稿以及上会稿中遗漏关联方关系及其交易

（1）由于曼陀神露及其经营者与新大地及其实际控制人之间存在特殊关系，以及新大地可能或已经为曼陀神露及其经营者提供了利益倾斜，新大地报告期前十大客户之一的曼陀神露为新大地的关联方。2009～2011年，新大地与曼陀神露交易金额分别为19.89万元、122.13万元和104.31万元。该关联方关系及其交易均未在招股说明书申报稿以及上会稿中披露。

（2）鸿达装饰法定代表人黄某光于2009～2011年担任新大地监事，且黄某光是黄运江的弟弟，鸿达装饰为新大地的关联方。2009 年新大地与鸿达装饰交易金额为 23.41 万元。该关联方关系及其交易未在招股说明书申报稿以及上会稿中披露。

（3）梅州绿康经营者陈某系凌洪之妻，凌洪系凌梅兰的哥哥，凌洪于 2009 年至 2010 年 10 月任新大地监事，2010 年 10 月任新大地财务总监，梅州绿康为新大地的关联方。2009 年、2010 年新大地与梅州绿康交易金额分别为 38.86 万元和 23.88 万元。该关联方关系及其交易均未在招股说明书申报稿以及上会稿中披露。

6. 新大地在 2012 年 4 月 12 日预披露的招股说明书申报稿以及上会稿中遗漏控股股东股份转让情况

2011 年 12 月 20 日，凌梅兰与天津久丰和广东富升投资管理有限公司签订股份转让合同，将其持有的 300 万股新大地股份以 2 100 万元转让给上述 2 家公司，该重大事项未在招股说明书申报稿以及上会稿中披露。

附录D

天能科技舞弊案例

天能科技全称“山西天能科技股份有限公司”。公司是一家集科研、开发、制造、销售为一体的大型太阳能光伏高新技术企业，专业从事晶体材料、单晶硅制造、单晶硅切割、太阳能光伏电池、组件，以及太阳能照明、太阳能电站等应用领域的研发、设计、生产、销售及安装服务。

天能科技于2011年3月向证监会提交IPO申请，并于2012年2月进行招股说明书预披露。在媒体提出质疑后，天能科技于2012年4月撤回发行上市申请。2012年9月，证监会对天能科技涉嫌违法违规立案稽查。2013年9月，证监会公布《处罚决定书》⊖，认定天能科技存在以下违法违规事实。

2012年1月20日，天能科技签署《天能科技首次公开发行股票招股说明书》（申报稿）（以下简称“天能科技招股说明书”），并于同年2月1日预披露天能科技2008～2010年以及2011年1～9月的财务信息。其中，2011年1～9月天能科技

⊖ 来源于中国证监会网站 www.csrc.gov.cn。

营业总收入 572 849 797.60 元，营业总成本 513 626 431.27 元，营业利润 59 223 366.33 元，利润总额 71 735 831.08 元。

经查，天能科技在以下三个工程项目的财务账册中有虚假记载。

1. 应县道路亮化工程项目

天能科技确认应县道路亮化工程项目（一期）主营业务收入 5 555 555.56 元，应交税费—应交增值税（销项税额）944 444.44 元，应收账款 6 500 000 元，确认结转项目成本 2 936 062.39 元；确认应县道路亮化工程（二期）项目主营业务收入 38 461 538.46 元，应交税费—应交增值税（销项税额）6 538 461.54 元，应收账款 45 000 000 元，确认结转项目成本 21 805 019.41 元。

2. 金沙植物园太阳能照明工程项目

天能科技确认金沙植物园太阳能照明工程（一期）项目主营业务收入 7 863 247.84 元，应交税费—应交增值税（销项税额）1 336 752.16 元，应收账款 9 200 000.00 元，确认结转项目主营业务成本 3 963 015.81 元；确认金沙植物园太阳能照明工程（二期）项目主营业务收入 29 914 529.91 元，应交税费—应交增值税（销项税额）5 085 470.09 元，应收账款 35 000 000.00 元，确认结转项目主营业务成本 16 808 428.90 元。

3. 和谐小区太阳能照明工程项目

天能科技确认朔州市和谐小区太阳能照明工程项目主营业务收入 3 846 153.85 元，应交税费—应交增值税（销项税额）653 846.15 元，应收账款—朔州市房产管理局 4 500 000 元，确认结转项目成本 1 976 530.97 元。朔州市房产管理局证实，3 840 038 元的和谐小区太阳能照明工程项目由天能科技中标，设备、设施由天能科技负责提供、安装，但目前暂不能入场安装建设。

经查，应县道路亮化工程项目、金沙植物园太阳能照明工程项目、和谐小区太阳能照明工程项目的招标人分别为应县公用事业局、朔州市房产管理局等政府部门，上述项目均属于政府工程项目，但天能科技在与上述政府部门订立工程施工合同前，均未经过招投标程序，朔州市财政局也未批准就天能科技产品进行单一政府采购。经查实，上述三个工程项目作为入账凭据的《工程结算书》是伪造的，合同第三方朔州市建设监理公司加盖的公章与该公司备案使用的公章不符。朔州市建设监理公司证实，该公司未参与上述三个工程项目的监理工作。此外，天能科技虚构了上述三个工程项目的销售回款。在2011年8月17日至12月31日期间，天能科技通过秦海滨实际控制的山西友为经济开发有限公司、太原陆宇建筑安装工程有限公司、太原酷博尔贸易有限责任公司的银行账户向朔州市万林园林有限公司、朔州民欣物业管理有限公司、应县公用事业局累计转入11 905万元。上述账户收到转入款后将资金转回天能科技银行账户用于伪造销售回款。天能科技在2011年1～9月财务报告中，虚增收入85 641 025.64元，虚增成本47 489 057.48元，虚增当期利润38 151 968.16元，占当期利润总额53.18%。

参考法规

1.《首次公开发行股票并上市管理办法》(中国证券监督管理委员会令第 32 号)
2.《公开发行证券的公司信息披露内容与格式准则第 9 号——首次公开发行股票并上市申请文件》(2006 年修订)
3.《首次公开发行股票在创业板上市管理办法》(中国证券监督管理委员会令第 61 号)
4.《公开发行证券的公司信息披露内容与格式准则第 29 号——首次公开发行股票并在创业板上市申请文件》
5.《关于进一步提高首发股票财务信披质量有关问题的意见》(证监会公告 [2012]14 号)
6.《关于做好首次公开发行股票公司 2012 年度财务报告专项检查工作的通知》(发行监管函 [2012]551 号)
7.《关于印发〈会计监管风险提示第 4 号——首次公开发行股票公司审计〉的通知》(证监办法 [2012]89 号)
8.《关于餐饮等生活服务类公司首次公开发行股票并上市信息披露指引 (试行)》(发行监管部函 [2012]244 号)
9.《〈首次公开发行股票并上市管理办法〉第十二条发行人最近 3 年内主营业务没有发生重大变化的适用意见——证券期货法律适用意见第 3 号》(中国证券监督管理委员会公告 [2008]22 号)
10.《公开发行证券的公司信息披露编报规则第 15 号财务报告的一般规定》(2007 年修订)
11.《公开发行证券的公司信息披露解释性公告第 1 号——非经常性损益 (2008)》(证监会公告 [2008] 43 号)
12.《上市公司信息披露管理办法》(中国证券监督管理委员会令第 40 号)
13.《中国证监会关于进一步推进新股发行体制改革的意见》
14. 中国证监会有关部门负责人就《关于进一步推进新股发行体制改革的意见》答记者问
15.《企业会计准则》及《企业会计准则讲解 2010》

会计极速入职晋级

书 号	定 价	书 名	作 者	特 点
44258	30	世界上最简单的会计书	（美）达雷尔·穆利斯	被当当、卓越读者誉为最真材实料的易懂又有用的会计入门书
50662	35	财务会计简易入门	钟小灵	言简意赅，只讲非财务人员需要了解的知识，是最节省阅读时间的财务入门书
36702	35	零基础学会计	冯鹏程	带你在最短时间内，明白搞懂会计大小事
53600	32	手把手教你做优秀出纳：从入门到精通（第2版）	出纳训练营	最好的出纳入门书，根据出纳训练营的培训讲义和学员普遍关注的问题编写而成
53600	30	手把手教你做优秀出纳：出纳工作明细手册（第2版）	出纳训练营	最好的出纳操练书，详细介绍63项出纳不可不知的工作项目和规范标准
		手把手教你做优秀出纳：全流程真账操练（含光盘）	出纳训练营	真账实操，光盘中全套实际工作材料
45154	35	手把手教你做优秀出纳：实账与案例	出纳训练营	最好的出纳实账书，案例带你学
35529	39.8	外企财务英语一本通（中英文双语）	朱秀前	日常财务工作，中英文双语讲解；实际沟通要领，仿真情景详细展示；作者是IB M财务分析师
49654	35	地道英语即学即用（第1季）	毅冰	外贸达人作品，超级有趣轻松；中央人民广播电台专业人员标准配音
38435	30	真账实操学成本核算	鲁爱民	作者是财务总监和会计专家；基本核算要点，手把手讲解；重点账务处理，举例综合演示
55027	59	跟我真账实操学成本会计	张秋利	送360分钟同步辅导视频和做好成本会计工作必备工具包
50070	39	如何做一名优秀财务主管	张秋利	手把手指点如何提高财务和管理技能，大量过来人经验
44783	39	跟我真账实操学会计	张秋利	作者是集团财务总监，各类真账带你学
41187	39	手把手教你做优秀税务会计：从入门到精通	蓝敏	作者从事税务实务工作15年，全面讲解税务会计和纳税筹划事项
51484	49	税务游戏的经营规则：做懂税务的管理者	蓝敏	弄懂税务规则，不多交不少交
51527	49	房地产税收面对面（第2版）	朱光磊	作者是房地产从业者，结合自身工作经验和培训学员常遇问题写成，丰富案例
42838	30	手把手教你做审计：从入门到精通（第2版）	夏伯年	针对审计新手开展审计工作可能会遇到的问题以及解决办法，给予手把手指导
48156	35	会计新手工作实录：跟财务经理学	徐峥	20多年经验的老会计，实录方式讲解会计工作要点，手把手答疑解惑
48647	39	国际税收面对面：理论与实务	周培勇	作者是外企税务经理，手把手讲解国际税收实务，丰富案例探析相关政策和实践
51568	39	真账实操学审计	张兴波 唐蕾	作者是著名大所合伙人，全套真账带你练

财务知识轻松学

书号	定价	书名	作者	特点
45115	39	IPO财务透视：方法、重点和案例	叶金福	大华会计师事务所合伙人经验作品，书中最大的特点就是干货多
49495	49	500强企业财务分析实务：一切为经营管理服务	李燕翔	作者将其在外企工作期间积攒下的财务分析方法倾囊而授，被业界称为最实用的管理会计书
54616	39	十年涨薪30倍：财务职场透视		500强外企达人的职场和技能经验，告诉你涨薪的秘诀
45043	49	财报这么有趣	钟朝宏	书中案例曾获奖；教你4步学会读财报
43500	99	财务报告与分析：一种国际化视角	丁远	作者是中欧商学院的明星教授，从信息使用者角度解读；大量应用练习
37852	49.8	财务诡计：揭秘财务史上13大骗术44种手段	（美）霍华德·M·施利特 杰里米·皮勒	财务名著，告诉你如何通过财务报告发现会计造假和欺诈
35946	68	全面预算管理：案例与实务指引（附光盘）	龚巧莉	权威预算专家，精心总结多年工作经验/基本理论、实用案例、执行要点，一册讲清/大量现成的制度、图形、表单等工具，即改即用
47755	69	玩转全面预算魔方（实例+图解版）	邹志英	作者原为默克中国CFO，书中有许多作者亲手操作过的预算案例，大量实用工具
50885	49	全面预算管理实践	贾卒	作者拥有丰富的预算实践经验，不仅介绍原理和方法，更有59个案例示范如何让预算真正落地，附赠完整的全面预算管理表格和 “经营业绩考评会” 表格模板/扫描下载预算工具包
49792	39	零基础学内部审计	郑智园	"内审达人经验总结，通俗讲解内审实务技能，贴心提示职业规划和审计思路"
50602	49	增值：集团公司内部审计实务与技巧	梁雄	国内某大集团内审总监经验之作，十几年的经验无私分享，几百份实用工具免费下载
36351	49	公司内部审计（第2版）	叶陈云	最新的国际内部审计理论与实践方面的热点/精编内部审计实践的成功与失败案例/大量关于公司内部审计实务工作指南与工具
42845	30	财务是个真实的谎言（珍藏版）	钟文庆	被读者誉为最生动易懂的财务书；作者是沃尔沃财务总监
48153	39	陪你学财务报表分析	叶陈云	立体式图表，把难解的问题形象地说清楚；小吃店创业故事，通盘演示财务分析核心事项
43736	30	上市公司财务报表解读：从入门到精通（第2版）	景小勇	以万科公司财报为例，详细介绍分析财报必须了解的各项基本财务知识
34618	48	财务报表阅读与信贷分析实务	崔宏	重点介绍商业银行授信风险管理工作中如何使用和分析财务信息
48166	30	非财务人员必看的会计学	穆林娟	基本概念和理论，大白话介绍；重点和难点，用大小案例辅助解析；零基础学会计
48646	69	利润：企业利润持续增长之道（附光盘）	史永翔	对影响利润的5大决策事项，用30个案例详细讲述
50412	59	中小企业融资：案例与实务指引（第2版）	吴瑕	融资专家解答8大融资专题；更有32个融资案例，快速搞通融资问题
48216	59	采购成本控制与供应商管理（第2版）	周云	用实际经验剖析采购成本控制与供应商管理的关键，新增大量案例和实用工具；作者是著名生产与采购专家
53498	39	营改增实战：增值税从入门到精通（小规模纳税人）	赵金梅 马郡	作者拥有超过15年财税工作和培训经验，会计财务税务发票报税一本通
53499	39	营改增实战：增值税从入门到精通（一般纳税人）	马郡 赵金梅 徐锋	作者拥有超过15年财税工作和培训经验，会计财务税务发票报税一本通
54778	49	金融业营改增会计实务与纳税处理	董华 张萌萌	作者拥有超过15年金融业财税工作和培训经验，会计财务税务发票报税一本通
53911	49	深入理解财务会计	王志伟	作者拥有企业和高校双重工作经验，理论案例并重